上海市工程建设规范

路面设计标准

Standard for pavement design of road

DG/TJ 08—2131—2022

J 12442—2022

主编单位：上海市政工程设计研究总院(集团)有限公司
批准部门：上海市住房和城乡建设管理委员会
施行日期：2022 年 6 月 1 日

同济大学出版社

2022 上海

图书在版编目(CIP)数据

路面设计标准/上海市政工程设计研究总院(集团)有限公司主编. —上海：同济大学出版社，2022.9

ISBN 978-7-5765-0328-9

Ⅰ. ①路… Ⅱ. ①上… Ⅲ. ①道路—路面设计—设计标准—上海 Ⅳ. ①U416.202—65

中国版本图书馆 CIP 数据核字(2022)第 150438 号

路面设计标准

上海市政工程设计研究总院(集团)有限公司 **主编**

责任编辑 朱 勇
责任校对 徐春莲
封面设计 陈益平

出版发行 同济大学出版社 www.tongjipress.com.cn
(地址:上海市四平路 1239 号 邮编: 200092 电话:021-65985622)

经 销 全国各地新华书店
印 刷 浦江求真印务有限公司
开 本 889mm×1194mm 1/32
印 张 4.25
字 数 114 000
版 次 2022 年 9 月第 1 版
印 次 2022 年 9 月第 1 次印刷
书 号 ISBN 978-7-5765-0328-9
定 价 45.00 元

上海市住房和城乡建设管理委员会文件

沪建标定〔2022〕10号

上海市住房和城乡建设管理委员会关于批准《路面设计标准》为上海市工程建设规范的通知

各有关单位：

由上海市政工程设计研究总院（集团）有限公司主编的《路面设计标准》，经我委审核，现批准为上海市工程建设规范，统一编号为 DG/TJ 08—2131—2022，自 2022 年 6 月 1 日起实施。原《路面设计规范》DG/TJ 08—2131—2013 同时废止。

本标准由上海市住房和城乡建设管理委员会负责管理，上海市政工程设计研究总院（集团）有限公司负责解释。

上海市住房和城乡建设管理委员会

二〇二二年一月五日

前言

根据上海市住房和城乡建设管理委员会《关于印发〈2019年上海市工程建设规范、建筑标准设计编制计划〉的通知》(沪建标定〔2018〕753号)要求,由上海市政工程设计研究总院(集团)有限公司组织有关单位对《路面设计规范》(DG/TJ 08—2131—2013)进行修订。

近年来,上海积极推进绿色公路与海绵城市道路建设,一系列生态环保型路面的使用,提升了道路路面建设水平。根据绿色低碳建设要求及新技术发展,需对原规范进行补充完善。编制组在深入调查研究,认真总结近年来国内外科研成果和大量实践经验,并在广泛征求意见的基础上,完成了本标准修订。

本标准主要修订了如下内容:

1. 增加了透水路面技术,完善了桥面铺装、隧道铺装。

2. 根据公路与城市道路交通荷载不同,明确分类标准,分别提出了沥青路面结构设计要求。

3. 调整了水泥混凝土路面的使用范围。

本标准主要内容有:总则;术语和符号;基本规定;垫层和基层;沥青路面;水泥混凝土路面;其他路面;旧路改建;路面排水。

各单位及相关人员在本标准实施过程中,如有意见或建议,请反馈至上海市交通委员会(地址:上海市世博村路300号1号楼;邮编:200125;E-mail:shjtbiaozhun@126.com),上海市政工程设计研究总院(集团)有限公司(地址:上海市中山北二路901号;邮编:200092;E-mail:zhengxiaoguang@smedi.com),上海市建筑建材业市场管理总站(地址:上海市小木桥路683号;邮编:200032;E-mail:shgcbz@163.com),以供修订时参考。

主 编 单 位:上海市政工程设计研究总院(集团)有限公司

参 编 单 位:同济大学

上海城投研究总院

上海浦东建筑设计研究院有限公司

上海公路投资建设发展有限公司

长沙理工大学

主要起草人:温学钧　郑晓光　张大伟　苏　凯　孙大权

钱国平　胡　程　陈亚杰　罗　强　黄　明

吴立报　凌宏伟　杨科炜　陈宏坡　任　奇

水亮亮　徐弯弯　于华南　许　严　吴连盛

主要审查人:朱惠君　曹亚东　孔庆伟　李　青　严　军

黄婉利　应　煜

上海市建筑建材业市场管理总站

目 次

Contents

1 总 则

1.0.1 为适应本市道路建设发展的需要，提高路面设计质量和技术水平，保证路面安全性、可靠性和耐久性，做到技术先进、经济合理，制定本标准。

1.0.2 本标准适用于本市各等级城市道路、公路新建和改建工程的路面设计。

1.0.3 路面设计应在满足功能要求的前提下，符合环境与生态保护要求，积极应用材料再生技术，鼓励低碳、环保和海绵型路面设计，体现本市道路特色。

1.0.4 路面设计除应符合本标准外，尚应符合国家、行业和本市现行有关标准的规定。

2 术语和符号

2.1 术 语

2.1.1 沥青路面 asphalt pavement

铺筑沥青面层的路面。

2.1.2 水泥混凝土路面 cement concrete pavement

铺筑水泥混凝土面层(配筋或不配筋)的路面。

2.1.3 砌块路面 block stone pavement

用一定形状的石料或混凝土预制砌块铺筑面层的路面。

2.1.4 桥面铺装 deck pavement

铺筑在桥面板上的路面结构层,用以防止车轮直接磨耗桥面板,并扩散车轮荷载,也为车辆提供平整防滑的行驶表面。

2.1.5 隧道路面铺装 tunnel pavement

铺筑在隧道内的路面结构层。

2.1.6 透水沥青混合料 porous asphalt mixture

采用质量稳定的高粘度改性沥青与矿料等拌和而成的,设计空隙率为 18%～23%的沥青混合料。

2.1.7 透水路面 permeable pavement

能使雨水通过透水性能良好的道路结构层路面,按照面层材料主要包括透水沥青路面、透水水泥混凝土路面与透水砖路面,按照雨水渗流路径可分为表层排水式、半透式与全透式。

2.1.8 温拌沥青混合料 warm mix asphalt

在基本不改变沥青混合料的配合比以及施工工艺的前提下,采用技术手段,使得沥青混合料的拌和温度相比同类热拌沥青混合料降低 30 ℃以上,且能达到热拌沥青混合料路用性能要求的沥青混合料。

2.1.9 橡胶沥青混合料 asphalt rubber mixture

采用现场改性橡胶沥青或储存稳定型橡胶沥青生产的混合料。

2.1.10 高模量沥青混合料 high modulus asphalt mixture

通过采用外掺剂或低标号沥青等技术手段，使得动态回弹模量(15 ℃、10 Hz)达到 14 000 MPa 以上的沥青混合料。

2.1.11 环氧沥青混凝土 epoxy asphalt mixture

由环氧树脂、固化剂、沥青等与矿料拌和形成的混合料。

2.1.12 浇筑式沥青混凝土 gussasphalt

将集料、矿粉和沥青胶结料在 220 ℃～260 ℃温度下拌和，依靠自身的流动性摊铺成型，无需碾压的沥青混合料。

2.1.13 沥青路面再生 asphalt pavement recycling

采用专用机械设备对旧沥青材料进行处理，并掺加一定比例的新集料、新沥青、再生剂(必要时)、温拌剂(必要时)等形成路面结构层的技术。按照再生沥青混合料施工温度的不同，沥青路面再生可分为热再生、温再生与冷再生；按照施工场合和工艺的不同，沥青路面再生可分为厂拌再生和就地再生。

2.1.14 设计工作年限 design working life

在正常设计、施工、使用和养护条件下，路面结构不需结构性维修的预期工作年限。

2.1.15 可靠度 reliability

路面结构在规定的时间内，规定的条件下，完成预定功能的概率。

2.1.16 目标可靠度 objective reliability

综合考虑工程安全度和工程经济性等方面的因素而确定的最佳可靠度。

2.1.17 可靠度系数 reliability coefficient

为保证设计的路面结构具有规定的可靠度，而在极限状态设计表达式中采用的单一综合系数。

2.1.18 容许拉应变 allowable tensile strain of asphalt layer

根据累计标准轴载作用次数，利用修正后沥青混合料疲劳方程计算确定的沥青层层底临界位置的拉应变。

2.1.19 容许拉应力 allowable tensile stress of semi-rigid base layer

半刚性材料的抗拉强度按抗拉强度结构系数折减后的拉应力值

2.1.20 容许剪应力 allowable shear stress

沥青混合料的抗剪强度按抗剪强度结构系数折减后的剪应力值。

2.1.21 抗拉强度结构系数 tensile strength structural coefficient

考虑半刚性材料疲劳破坏特性的安全系数。

2.1.22 抗剪强度结构系数 shear strength structural coefficient

考虑沥青混合料剪切疲劳破坏特性的安全系数。

2.1.23 压实度 degree of compaction

筑路材料压实后的干密度与标准最大干密度之比，以百分率表示。

2.1.24 轻型荷载 light load

轴载小于 40 kN 的车辆荷载。

2.2 符 号

2.2.1 作用及作用效应

N——标准轴载作用次数；

P——标准轴载；

ε——应变；

σ——应力；

τ——剪应力。

2.2.2 设计参数和计算系数

F——弯沉综合修正系数；

f_h——水平力系数；

t——设计工作年限；

γ——设计工作年限内交通量的平均年增长率；

γ_a——沥青路面可靠度系数；

γ_r——水泥混凝土路面可靠度系数；

η——设计车道分布系数；

η_s——临界荷位处的车辆轮迹横向分布系数。

2.2.3 材料性能

E——弹性模量；

f——强度；

l——弯沉值；

r——相对刚度半径；

ν——泊松比。

2.2.4 材料类型

AC——密级配沥青混合料；

AM——半开级配沥青碎石；

AR——橡胶沥青；

AR-AC——密级配橡胶沥青混合料；

AR-SMA——橡胶沥青玛蹄脂碎石混合料；

AR-OGFC——开级配橡胶沥青混合料；

ATB——密级配沥青稳定碎石；

ATPB——开级配沥青稳定碎石；

EA——环氧沥青混凝土；

GA——浇筑式沥青混凝土；

HMAC——高模量沥青混合料；

OGFC——开级配沥青磨耗层；

SMA——沥青玛蹄脂碎石混合料；

WMA——温拌沥青混合料。

3 基本规定

3.1 一般规定

3.1.1 沥青路面的交通轴载作用可根据表 3.1.1-1 的规定进行分级，其中公路按照设计工作年限内设计车道累计大型客车和货车的交通量确定，城市道路按照设计工作年限内设计车道的累计当量轴次确定。水泥混凝土路面所承受的轴载作用，根据设计工作年限内设计车道临界荷位处所承受的累计当量轴次按照表 3.1.1-2 的规定分级。

表 3.1.1-1 沥青路面交通等级

道路类型	分级标准	极重	特重	重	中	轻
城市道路	标准轴载累计作用次数 N_e(万次)	≥6 500	2 500～6 500	1 200～2 500	300～1 200	<300
公路	大型客车和货车交通量(×10^6,辆)	≥50	19～50	8～19	4～8	<4

表 3.1.1-2 水泥混凝土路面交通等级

交通等级	极重	特重	重	中	轻
设计车道临界荷位处标准轴载累计作用次数 N'_e(万次)	>10 000	2 000～10 000	100～2 000	3～100	<3

3.1.2 沥青路面可用于各等级公路和城市道路，水泥混凝土路面可用于二级及以下公路和次干路、支路，砌块路面可用于支路与人行道，路面设计工作年限应符合表 3.1.2 的规定。

表 3.1.2 路面设计工作年限

道路等级	路面类型		
	沥青路面	水泥混凝土路面	砌块路面
高速公路、一级公路	15 年	—	—
二级公路	12 年	20 年	—
三级公路	10 年	15 年	—
四级公路	8 年	10 年	—
快速路	15 年	—	—
主干路	15 年	—	—
次干路	15 年	20 年	—
支路	15 年	20 年	10 年(20 年)

注:砌块路面采用混凝土预制块时,设计工作年限为 10 年;采用石材时,设计工作年限为 20 年。

3.1.3 标准轴载应符合下列规定:

1 路面设计应以双轮组单轴载 100 kN 为标准轴载,以 BZZ-100 表示。标准轴载的计算参数应符合表 3.1.3 的规定。

表 3.1.3 标准轴载计算参数

标准轴载	BZZ-100
标准轴载 P(kN)	100
轮胎接地压强 p(MPa)	0.70
单轮传压面当量圆直径 d(cm)	21.30
两轮中心距(cm)	31.95

2 设计交通量的计算应将不同轴载的各种车辆换算成 BZZ-100 标准轴载的当量轴次。

3.1.4 路面可靠度设计标准应符合表 3.1.4 的规定。

表 3.1.4 路面可靠度设计标准

道路等级	高速公路、快速路	一级公路、主干路	二级公路、次干路、支路	三级公路	四级公路
目标可靠度	95%	90%	85%	80%	70%
目标可靠指标 β	1.65	1.28	1.04	0.84	0.52
变异水平等级	低	低	中～高	高	高

3.1.5 沥青路面可靠度系数可按表 3.1.5 确定，可靠度低于 85% 的，按照 85% 的水平进行取值。

表 3.1.5 可靠度系数

变异水平等级	目标可靠度(%)		
	95	90	≤85
低	1.05～1.10	1.03～1.06	1.00～1.03
中	—	1.06～1.10	1.03～1.06
高	—	—	1.06～1.10

3.1.6 水泥混凝土路面各变异水平等级主要设计参数的变异系数变化范围，应符合表 3.1.6-1 的规定。可靠度系数依据所选目标可靠度及变异水平等级按表 3.1.6-2 确定；可靠度低于 85% 的，按照 85% 的水平进行取值。

表 3.1.6-1 变异系数的变化范围

变异水平等级	低	中	高
水泥混凝土弯拉强度、弯拉弹性模量	≤0.10	0.10～0.15	0.15～0.20
基层顶面当量回弹模量	≤0.25	0.25～0.35	0.35～0.55
水泥混凝土面层厚度	≤0.04	0.04～0.06	0.06～0.08

表 3.1.6-2　可靠度系数

变异水平等级	目标可靠度(%)		
	95	90	≤85
低	1.20～1.33	1.09～1.16	1.04～1.08
中	1.33～1.50	1.16～1.23	1.08～1.13
高	—	1.23～1.33	1.13～1.18

注:变异系数在表 3.1.6-1 所示的变化范围的下限时,可靠度系数取低值;上限时,取高值。

3.1.7　公路沥青路面的使用性能设计指标应符合现行行业标准《公路沥青路面设计规范》JTG D50 中的相关规定。城市道路沥青路面的结构设计应满足本标准第 5.4 节中的各项要求。

3.1.8　路面抗滑性能应符合下列规定:

1　高速公路、一级公路、快速路、主干路的沥青路面抗滑性能要求应符合表 3.1.8-1 的规定。

表 3.1.8-1　沥青路面抗滑性能要求

道路等级	抗滑性能指标	
	横向力系数 SFC_{60}	构造深度 TD(mm)
高速公路、一级公路、快速路、主干路	≥54	≥0.55

注:1　应采用测定速度为 60 km/h±1 km/h 时的横向力系数(SFC_{60})作为控制指标。
2　路面宏观构造深度可用铺砂法或激光构造深度仪测定。
3　二级及以下公路、次干路、支路、非机动车道、人行道及步行街可按表3.1.8-1 执行。

2　水泥混凝土路面抗滑性能要求应符合表 3.1.8-2 的规定。

表 3.1.8-2　水泥混凝土面层的表面构造深度(mm)

道路等级	二、三、四级公路、次干路、支路
一般路段	0.50～1.00
特殊路段	0.60～1.10

注:1　特殊路段系指急弯、陡坡、交叉口或集镇附近。
2　非机动车道、人行道及步行街可按表 3.1.8-2 执行。

3.1.9 水泥混凝土面层的最大温度梯度标准值(T_g)应符合表 3.1.9 的规定。

表 3.1.9 水泥混凝土面层最大温度梯度标准值

面层板厚度(cm)	16	18	20	22	24	26	28	30	32	34	36	38	40
最大温度梯度标准值(℃/m)	101~108	95~102	90~97	86~92	81~86	77~82	72~77	68~73	65~69	61~65	58~62	54~58	51~54

注:湿度大时,取低值。

3.2 轴载换算与设计交通量

3.2.1 公路沥青路面的交通量数据调查、车型分类与轴载换算应符合现行行业标准《公路沥青路面设计规范》JTG D50 的相关规定。

3.2.2 城市道路沥青路面轴载换算应符合下列规定:

1 沥青路面以设计弯沉值、沥青层剪应力和沥青层层底拉应变为设计指标时,各种轴载换算成标准轴载 P 的当量轴次 N_a 应按式(3.2.2-1)计算:

$$N_a = \sum_{i=1}^{K} C_1 C_2 n_i \left(\frac{P_i}{P}\right)^{C_3} \tag{3.2.2-1}$$

$$C_1 = 1 + 1.2(m - 1) \tag{3.2.2-2}$$

式中:N_a——以设计弯沉值、沥青层剪应力和沥青层层底拉应变为设计指标时的当量轴次(次/d);

K——轴载级别;

n_i——被换算车型的各级轴载作用次数(次/d);

C_1——轴数系数[轴间距大于或等于 3 m 时,应按单轴计算;轴间距小于 3 m 时,应按式(3.2.2-2)计算];

C_2——轮组系数(双轮组为 1.0,单轮组为 6.4,四轮组为 0.38);

P——标准轴载(kN)；

P_i——各级轴载(kN)；

C_3——荷载系数(单轴荷载小于或等于 130 kN 时，应取 4.35；单轴荷载大于 130 kN 时，可取 5)；

m——轴数。

2 沥青路面以半刚性基层层底拉应力为设计指标时，各种轴载换算成标准轴载 P 的当量轴次 N_s 应按式(3.2.2-3)计算：

$$N_s = \sum_{i=1}^{K} C'_1 C'_2 n_i \left(\frac{P_i}{P}\right)^{C'_3} \tag{3.2.2-3}$$

$$C'_1 = 1 + 2(m - 1) \tag{3.2.2-4}$$

式中：N_s——以半刚性基层层底拉应力为设计指标时的当量轴次(次/d)；

C'_1——轴数系数[轴间距大于或等于 3 m 时，应按单轴计算；轴间距小于 3 m 时，应按式(3.2.2-4)计算]；

C'_2——轮组系数(双轮组为 1.0，单轮组为 18.5，四轮组为 0.09)；

C'_3——荷载系数(单轴荷载小于或等于 130 kN 时，应取 8；单轴荷载大于 130 kN 时，可取 9)。

3 应根据预测交通量，考虑各种车型的交通组成(或比例)，将不同车型的轴载换算成标准轴载的当量轴次，计算得到营运第一年单向日平均当量轴次。

4 设计工作年限内交通量的年平均增长率应在项目可行性研究报告等资料基础上，经研究分析确定。

5 沥青路面设计车道分布系数宜依据道路交通组成、交通管理情况，通过实地调查确定，也可按表 3.2.2 选定。当上下行交通量或重车比例有明显差异时，可区别对待，可按上下行交通特点分别进行结构设计。

表 3.2.2 设计车道分布系数(η)

车道特征	车道分布系数
单向单车道	1.00
单向两车道	0.65～0.95
单向三车道	0.50～0.80
单向四车道	0.40～0.70

6 沥青路面设计工作年限内一个车道上的累计当量轴次应按下式计算：

$$N_e=\frac{[(1+\gamma)^t-1]\times 365}{\gamma}\cdot N_1\cdot\eta \quad (3.2.2\text{-}5)$$

式中：N_e——设计工作年限内一个车道上的累计当量轴次(次/车道)；

γ——设计工作年限内交通量的年平均增长率(%)；

t——设计工作年限(年)；

N_1——路面营运第一年单向日平均当量轴次(次/d)；

η——设计车道分布系数。

3.2.3 水泥混凝土路面轴载换算应符合以下规定：

1 按疲劳断裂设计准则进行结构分析，以 100 kN 单轴—双轮组荷载作为设计轴载，各级轴载作用次数 N_i 可按下式换算为标准轴载的当量轴次 N_c：

$$N_c=\sum_{i=1}^{n}N_i\left(\frac{P'_i}{P_s}\right)^{16} \quad (3.2.3\text{-}1)$$

式中：N_c——标准轴载的当量轴次；

n——各种轴型的轴载级位数；

N_i——i 级轴载的作用次数；

P'_i——第 i 级轴载重，联轴按每一根轴载单独计；

P_s——设计轴载重。

2 对极重交通荷载等级的水泥混凝土路面，宜选用货车中占主要份额特重车型的轴载作为设计轴载。

3 设计工作年限内水泥混凝土面层临界荷位所承受的累计当量轴次应按下式计算：

$$N'_e=\frac{N'_1[(1+\gamma)^t-1]\times 365}{\gamma}\eta_s \qquad (3.2.3\text{-}2)$$

式中：N'_e——设计工作年限内临界荷位所承受的累计当量轴次（次）；

N'_1——设计车道使用初期的当量轴载日作用次数（次/d）；

η_s——临界荷位处的车辆轮迹横向分布系数，可按表3.2.3选用。

表 3.2.3 车辆轮迹横向分布系数（η_s）

道路等级		纵缝边缘处
二级及二级以下公路、次干路、支路	行车道宽>7 m	0.34～0.39
	行车道宽≤7 m	0.54～0.62

注：行车道较宽或者交通量较大时，取高值；反之，取低值。

4 垫层和基层

4.1 一般规定

4.1.1 道路路基应稳定、密实、均质，各等级公路的路基顶面回弹模量应符合现行行业标准《公路沥青路面设计规范》JTG D50 或《公路水泥混凝土路面设计规范》JTG D40、现行上海市工程建设规范《道路路基设计规范》DG/TJ 08—2237 的相关规定；对于城市道路，路基顶面回弹模量要求应符合表 4.1.1 的规定。

表 4.1.1 城市道路路基顶面回弹模量要求

道路等级与交通等级	路基顶面回弹模量(MPa)
快速路、主干路、承受重交通及以上交通的次干路	≥40
次干路、承受重交通及以上交通的支路	≥30
支路	≥20

4.1.2 透水路基应满足浸水后承载力和透水性要求，宜采用砂性土、中粗砂及砂砾石等透水性较好的材料，渗透系数不应小于 10^{-3} mm/s。

4.1.3 垫层应具有良好的水稳定性和强度。

4.1.4 基层应具有足够的承载能力、抗疲劳开裂性能、耐久性和水稳定性，沥青结合料类和粒料类基层还应具有足够的抗永久变形能力。

4.2 垫 层

4.2.1 当道路地下水位高、路基处于潮湿或过湿状态、路基排水不良时，应设置排水垫层。

4.2.2 垫层材料可选用粗砂、砂砾、碎石以及满足环保与质量要求的煤渣、矿渣、建筑废弃物等粒料材料，粒径不宜超过 37.5 mm。排水垫层应采用透水性好的粒料类材料，通过 0.075 mm 筛孔颗粒含量不宜大于 5%。

4.2.3 垫层应与路基同宽，垫层厚度应根据道路等级、路基状况而定，一般路段宜为 150 mm～200 mm，潮湿、过湿路段宜为 300 mm～400 mm。

4.3 基 层

4.3.1 基层可采用刚性、半刚性或柔性材料。

4.3.2 基层类型应根据交通等级按表 4.3.2-1 选用，各类基层最小厚度应符合表 4.3.2-2 的规定。

表 4.3.2-1 基层和底基层材料适用交通荷载等级的层位

基层类型	材料类型	适用交通荷载等级的层位
半刚性基层	水泥稳定级配碎石或砾石、水泥粉煤灰稳定级配碎石或砾石、石灰粉煤灰稳定级配碎石或砾石	各交通荷载等级的基层和底基层
	水泥稳定土、石灰稳定土、石灰粉煤灰稳定土	轻交通荷载等级的基层、各交通荷载等级的底基层
柔性基层	级配碎石	重及以下交通荷载等级的基层、各交通荷载等级的底基层
	级配砾石、填隙碎石	中等和轻交通荷载等级的基层、各交通荷载等级的底基层
	密级配沥青碎石、半开级配沥青碎石、开级配沥青碎石	极重、特重和重交通荷载等级的基层
	沥青贯入碎石	重及以下交通荷载等级的基层
刚性基层	水泥混凝土 贫混凝土 多孔水泥混凝土	极重和特重交通荷载等级的基层

表 4.3.2-2　各类基层最小厚度

材料类型	集料公称最大粒径(mm)	最小厚度(mm)
密级配沥青碎石 半开级配沥青碎石 开级配沥青碎石	19.0	50
	26.5	80
	31.5	100
	37.5	120
沥青贯入碎石	—	40
贫混凝土	31.5	120
无机结合料稳定类	19.0、26.5、31.5、37.5	150
	53.0	180
级配碎石、级配砾石	26.5、31.5、37.5	100
	53.0	120
填隙碎石	37.5	75
	53.0	100
	63.0	120

4.3.3　半刚性基层应符合下列规定：

1　半刚性基层应具有足够的强度和稳定性、较小的温缩和干缩变形及较强的抗冲刷能力。

2　用作上基层的半刚性材料宜选用骨架密实型级配，应具有良好的强度、抗疲劳开裂性能与抗冲刷能力。

3　各类半刚性材料的 7 d 龄期无侧限抗压强度应符合表 4.3.3-1、表 4.3.3-2 和表 4.3.3-3 的规定。

表 4.3.3-1　水泥稳定类材料的 7 d 龄期无侧限抗压强度要求(MPa)

结构层	道路等级	极重、特重交通	重交通	中、轻交通
上基层	高速公路、一级公路、城市快速路、主干路	5.0～7.0	4.0～6.0	3.0～5.0
	其他等级公路与城市道路	4.0～6.0	3.0～5.0	2.0～4.0

续表 4.3.3-1

结构层	道路等级	极重、特重交通	重交通	中、轻交通
下基层	高速公路、一级公路、城市快速路、主干路	3.0～5.0	2.5～4.5	2.0～4.0
	其他等级公路与城市道路	2.5～4.5	2.0～4.0	1.0～3.0

表 4.3.3-2 水泥粉煤灰稳定类材料 7 d 龄期无侧限抗压强度要求(MPa)

结构层	道路等级	极重、特重交通	重交通	中、轻交通
上基层	高速公路、一级公路、城市快速路、主干路	4.0～5.0	3.5～4.5	3.0～4.0
	其他等级公路与城市道路	3.5～4.5	3.0～4.0	2.5～3.5
下基层	高速公路、一级公路、城市快速路、主干路	2.5～3.5	2.0～3.0	1.5～2.5
	其他等级公路与城市道路	2.0～3.0	1.5～2.5	1.0～2.0

表 4.3.3-3 石灰粉煤灰稳定类材料 7 d 龄期无侧限抗压强度要求(MPa)

结构层	道路等级	极重、特重交通	重交通	中、轻交通
上基层	高速公路、一级公路、城市快速路、主干路	≥1.1	≥1.0	≥0.9
	其他等级公路与城市道路	≥0.9	≥0.8	≥0.7
下基层	高速公路、一级公路、城市快速路、主干路	≥0.8	≥0.7	≥0.6
	其他等级公路与城市道路	≥0.7	≥0.6	≥0.5

4.3.4 刚性基层应符合下列规定：

1 刚性基层适用于重、特重、极重交通和港区等道路工程。

2 贫混凝土基层材料的强度要求应符合表 4.3.4-1 的规定。

表 4.3.4-1 贫混凝土基层材料的强度要求(MPa)

试验项目	极重、特重、重交通	中交通
7 d 龄期抗压强度	9.0～15.0	7.0～12.0
28 d 龄期抗压强度	12.0～20.0	9.0～16.0
28 d 龄期弯拉强度	2.5～3.5	2.0～3.0

3 多孔混凝土基层材料的强度要求应符合表 4.3.4-2 的规定。

表 4.3.4-2 多孔混凝土基层材料的强度要求(MPa)

试验项目	极重、特重	重
7 d 龄期抗压强度	5.0～8.0	3.0～5.0
28 d 龄期弯拉强度	1.5～2.5	1.0～2.0

4.3.5 柔性基层应符合下列规定:

1 密级配沥青稳定碎石(ATB)、半开级配沥青碎石(AM)和开级配沥青稳定碎石(ATPB)混合料配合比设计技术要求应符合表 4.3.5-1 和表 4.3.5-2 的规定。

表 4.3.5-1 沥青稳定碎石配合比设计技术要求

试验项目	单位	密级配沥青稳定碎石(ATB)		半开级配沥青碎石(AM)	开级配沥青稳定碎石(ATPB)
公称最大粒径	mm	⩾26.5	⩾31.5	⩾26.5	⩾26.5
马歇尔试件尺寸	mm	ϕ101.6×63.5	ϕ152.4×95.3	ϕ152.4×95.3	ϕ152.4×95.3
击实次数(双面)	次	75	112	112	75
空隙率	%	3～6		12～18	⩾18
稳定度	kN	⩾7.5	⩾15	—	—
流值	mm	1.5～4	—	—	—
沥青饱和度	%	55～70		—	—
沥青膜厚度	μm	—		>12	—
谢伦堡沥青析漏试验的结合料损失	%	—		⩽0.2	—
肯塔堡飞散试验的混合料损失或浸水飞散试验	%	—		⩽20	—

表 4.3.5-2　ATB 的矿料间隙率技术要求

设计空隙率(%)	ATB-40	ATB-30	ATB-25
4	≥11%	≥11.5%	≥12%
5	≥12%	≥12.5%	≥13%
6	≥13%	≥13.5%	≥14%

2　级配碎石分为骨架密实型与连续型，其集料的级配组成应符合表 4.3.5-3 的规定。级配碎石用作上基层时，其压实度应大于 98%，CBR 不应小于 100%；用作下基层时，其压实度应大于 96%，CBR 不应小于 80%，压实度应按重型压实标准控制。

表 4.3.5-3　级配碎石的级配组成

层位	通过下列筛孔(mm)质量百分比(%)														液限(%)	塑指(%)	备注
	37.5	31.5	26.5	19	16	13.2	9.5	4.75	2.36	1.18	0.6	0.3	0.15	0.075			
上基层	100	90~100	75~95	60~85	53~80	48~74	40~65	25~50	18~40	13~32	9~25	6~20	3~13	0~7	<25	<4	连续型
	—	100	90~100	75~95	66~88	59~82	46~71	30~55	18~40	13~32	9~25	6~20	3~13	0~7			
	—	100	85~95	66~80	44~56	37~48	31~41	28~38	18~28	12~20	8~14	5~11	3~9	0~6			骨架密实型
下基层	95~100	85~95	75~90	60~82	53~78	48~74	40~65	25~50	18~40	13~32	9~25	6~20	3~13	0~7			连续型
	100	85~100	65~85	—	42~67	—	20~40	10~27	—	8~20	5~18	—	—	0~10			骨架型
	—	100	80~100	—	56~87	—	30~60	18~46	—	10~33	5~20	—	—	0~10			连续型

4.3.6　再生沥青混合料和再生无机结合料可用于重交通及以下道路基层。

5 沥青路面

5.1 一般规定

5.1.1 沥青路面设计应包括交通量预测与分析、材料选择、混合料配合比设计、设计参数的测试和确定、路面结构组合设计与厚度计算、路面排水系统设计。

5.1.2 沥青路面在设计工作年限内应具有抗车辙、抗裂、抗疲劳的性能和良好的平整、抗滑、耐磨与低噪声等使用功能。沥青路面结构与材料设计方案应根据道路特点、气候条件、交通轴载组成及交通量、材料供应、结构层施工条件等进行多方案技术经济性比选确定。

5.2 面层材料

5.2.1 根据沥青混合料的施工温度，沥青混合料路面可分为热拌沥青混合料路面、温拌沥青混合料路面和冷拌沥青混合料路面。

1 热拌沥青混合料可用于各交通等级道路的沥青路面。按集料公称最大粒径、矿料级配，热拌沥青混合料的主要类型分类、适宜厚度和适宜层位见表 5.2.1-1。各种热拌沥青混合料所用集料的级配组成宜符合本标准附录 A 表 A.0.1 的规定。

表 5.2.1-1 热拌沥青混合料主要类型分类、适宜厚度和适宜层位

沥青混合料类型		集料最大粒径（mm）	公称最大粒径（mm）	符号	适宜厚度（mm）	适宜层位
密级配沥青混合料（AC）	细粒式	13.2	9.5	AC-10	25～40	表面层
		16	13.2	AC-13	40～60	表面层

续表 5.2.1-1

沥青混合料类型		集料最大粒径(mm)	公称最大粒径(mm)	符号	适宜厚度(mm)	适宜层位
密级配沥青混合料(AC)	中粒式	19	16	AC-16	50～80	中面层
		26.5	19	AC-20	60～100	中面层
	粗粒式	31.5	26.5	AC—25	80～120	下面层
沥青玛蹄脂碎石混合料(SMA)	细粒式	13.2	9.5	SMA-10	25～40	表面层
		16	13.2	SMA-13	35～50	表面层
开级配沥青磨耗层(OGFC)	细粒式	13.2	9.5	OGFC-10	25～40	表面层
		16	13.2	OGFC-13	30～50	表面层

2 温拌沥青混合料可用于各交通等级道路的沥青路面，其分类见表 5.2.1-2。温拌沥青混合料的矿料级配宜根据道路等级、使用场合以及交通条件等来选取。不同的场合所适用的温拌沥青混合料类型见表 5.2.1-3。

表 5.2.1-2 温拌沥青混合料分类

混合料类型	密级配			开级配	公称最大粒径(mm)	最大粒径(mm)
	连续级配		间断级配			
	沥青混合料	沥青稳定碎石	沥青玛蹄脂碎石	沥青抗滑磨耗层		
细粒式	WAC-10	—	WSMA-10	WOGFC-10	9.5	13.2
	WAC-13	—	WSMA-13	WOGFC-13	13.2	16.0
中粒式	WAC-16	—	WSMA-16	WOGFC-16	16.0	19.0
	WAC-20	—	—	—	19.0	26.5
粗粒式	WAC-25	WATB-25	—	—	26.5	31.5
设计空隙率(%)	3～5	3～6	3～4	18～23	—	—

表 5.2.1-3 温拌沥青混合料适用场合

道路等级	高速公路、一级公路 城市快速路、主干路		二级及二级以下公路、 城市次干路及支路
结构层位	三层式沥青路面	两层式沥青路面	两层式沥青路面
上面层	WAC-13 WSMA-10 WSMA-13 WOGFC-10 WOGFC-13	WAC-13 WSMA-10 WSMA-13 WOGFC-10 WOGFC-13	WAC-13 WAC-16 WOGFC-10 WOGFC-13
中面层	WAC-16 WAC-20	—	—
下面层	WAC-20 WAC-25 WATB-25	WAC-20 WAC-25 WATB-25	WAC-20 WAC-25 WATB-25

3 冷拌沥青混合料可用于城市支路或四级公路的沥青面层、各级道路沥青路面的基层、联接层或整平层。冷拌沥青混合料可采用乳化沥青、改性乳化沥青、泡沫沥青或液体沥青拌制。冷拌沥青混合料宜采用密级配沥青混合料；当采用半开级配的冷拌沥青混合料碎石混合料路面时，应设置下封层。

5.2.2 热拌沥青混合料与温拌沥青混合料可采用马歇尔试验法进行材料配合比设计，应选用实际工程的原材料，技术要求应符合表 5.2.2-1～表 5.2.2-6 的规定。橡胶沥青混合料所用集料的级配组成应符合本标准附录 A 表 A.0.2 的规定。

表 5.2.2-1 密级配沥青混合料配合比设计技术要求

技术指标	单位	城市快速路、主干路、 高速公路、一级公路		其他等级道路	行人道路	试验方法
		中、轻交通	重交通及以上			
击实次数(双面)	次	75		50	50	T 0702
试件尺寸	mm	$\phi 101.6 \times 63.5$				T 0702

续表 5.2.1-1

<table>
<tr><th colspan="2" rowspan="2">技术指标</th><th rowspan="2">单位</th><th colspan="2">城市快速路、主干路、高速公路、一级公路</th><th rowspan="2">其他等级道路</th><th rowspan="2">行人道路</th><th rowspan="2">试验方法</th></tr>
<tr><th>中、轻交通</th><th>重交通及以上</th></tr>
<tr><td rowspan="2">空隙率 VV</td><td>深 90 mm 以内（含 90 mm）</td><td>%</td><td>3～5</td><td>4～6</td><td>3～6</td><td>2～4</td><td rowspan="2">T 0705</td></tr>
<tr><td>深 90 mm 以下</td><td>%</td><td colspan="2">3～6</td><td>3～6</td><td>—</td></tr>
<tr><td colspan="2">马歇尔稳定度</td><td>kN</td><td colspan="2">≥8</td><td>≥6</td><td>≥4</td><td>T 0709</td></tr>
<tr><td colspan="2">流值</td><td>mm</td><td>2～4</td><td>1.5～4</td><td>2～4.5</td><td>2～5</td><td>T 0709</td></tr>
</table>

注：本表适用于公称最大粒径不大于 26.5 mm 的密级配沥青混合料。

表 5.2.2-2　密级配沥青混合料矿料间隙率与沥青饱和度技术要求

<table>
<tr><th rowspan="2"></th><th rowspan="2">设计空隙率（%）</th><th colspan="6">相应于以下公称最大粒径的最小 VMA 及 VFA</th><th rowspan="2">试验方法</th></tr>
<tr><th>26.5（mm）</th><th>19（mm）</th><th>16（mm）</th><th>13.2（mm）</th><th>9.5（mm）</th><th>4.75（mm）</th></tr>
<tr><td rowspan="5">矿料间隙率 VMA（%）不小于</td><td>2</td><td>10</td><td>11</td><td>11.5</td><td>12</td><td>13</td><td>15</td><td rowspan="5">T 0705</td></tr>
<tr><td>3</td><td>11</td><td>12</td><td>12.5</td><td>13</td><td>14</td><td>16</td></tr>
<tr><td>4</td><td>12</td><td>13</td><td>13.5</td><td>14</td><td>15</td><td>17</td></tr>
<tr><td>5</td><td>13</td><td>14</td><td>14.5</td><td>15</td><td>16</td><td>18</td></tr>
<tr><td>6</td><td>14</td><td>15</td><td>15.5</td><td>16</td><td>17</td><td>19</td></tr>
<tr><td colspan="2">沥青饱和度 VFA（%）</td><td>55～70</td><td colspan="3">65～75</td><td colspan="2">70～85</td><td>T 0705</td></tr>
</table>

表 5.2.2-3　SMA 配合比设计技术要求

技术指标	单位	技术要求	试验方法
马歇尔试件尺寸	mm	ϕ101.6×63.5	T 0702
马歇尔试件击实次数	次	两面各 50 次①	T 0702
空隙率 *VV*	%	3～4	T 0705
矿料间隙率 *VMA*	%	≥17.0	T 0705
粗集料骨架间隙率 VCA_{mix}	%	≤VCA_{DRC}	T 0705

续表 5.2.2-3

技术指标	单位	技术要求	试验方法
沥青饱和度 *VFA*	%	75～85	T 0705
马歇尔稳定度	kN	≥6.0	T 0709
谢伦堡沥青析漏试验的结合料损失	%	≤0.1	T 0732
肯塔堡飞散试验的混合料损失或浸水飞散试验	%	≤15	T 0733

注:①重交通及以上道路时,击实次数宜为两面各 75 次。

表 5.2.2-4 橡胶沥青混合料配合比设计技术要求

技术指标	单位	密级配混合料 AR-AC	橡胶沥青玛蹄脂 AR-SMA	开级配混合料 AR-OGFC	试验方法
马歇尔试件击实次数	次	两面各 75	两面各 50①	两面各 50	T0702
马歇尔试件尺寸	mm	ϕ101. 6×63.5	ϕ101. 6×63.5	ϕ101. 6×63.5	T 0702
空隙率	%	3～5	3～5	18～23	T 0705
马歇尔稳定度	kN	≥7	≥6	≥4.5	T 0709
沥青饱和度	%	70～85	75～85	—	T 0705
矿料间隙率	%	≥13	≥17	—	T 0705
析漏损失	%	—	≤0.1	≤0.3	T 0732
肯特堡飞散损失	%	—	≤15	≤15	T 0732

注:①重交通及以上道路时,击实次数宜为两面各 75 次。

表 5.2.2-5 透水沥青混合料配合比设计技术要求

技术指标		单位	技术要求	试验方法
设计指标	马歇尔试件击实次数	次	两面各 50	T 0702
	马歇尔试件尺寸	mm	ϕ101. 6×63.5	T 0702
	空隙率	%	18～23	T 0708
	连通空隙率	%	≥14	CJJ/T 190－2012 附录 A
	马歇尔稳定度	kN	≥5.0	T 0709
	流值	mm	2～4	T 0709

续表 5.2.2-5

技术指标		单位	技术要求	试验方法
验证指标	沥青膜厚度	μm	≥13	计算
	谢伦堡沥青析漏量	%	≤0.3	T 0732
	肯塔堡飞散损失	%	≤15	T 0733
	动稳定度(60℃)	次/mm	≥4 000	T 0719
	残留稳定度	%	≥85	T 0709
	冻融劈裂强度比	%	≥85	T 0729
	渗水系数	ml/15 s	≥900	T 0730

表 5.2.2-6　高模量沥青混合料配合比设计技术要求

技术指标		单位	技术要求	试验方法
设计指标	马歇尔试件击实次数	次	两面各 75	T 0702
	马歇尔试件尺寸	mm	ϕ101.6×63.5	T 0702
	空隙率	%	3～5	T 0705
	马歇尔稳定度	kN	≥10.0	T 0709
验证指标	动稳定度(60 ℃)	次/mm	≥6 000	T 0719
	破坏应变	με	≥2 000	T 0715
	残留稳定度	%	≥85	T 0709
	冻融劈裂强度比	%	≥80	T 0729
	动态模量(15 ℃、10 Hz)	MPa	≥14 000	T 0738
	静态模量(15 ℃)	MPa	≥2 500	T 0713

5.2.3 沥青表面处治设计应符合下列规定：

1 沥青表面处治分为单层、双层和三层，单层厚度宜为 10 mm～15 mm，双层厚度宜为 15 mm～25 mm，三层厚度宜为 25 mm～30 mm。

2 沥青表面处治可采用道路石油沥青或乳化沥青作为结合料。

3 沥青表面处治所用集料的级配组成应符合本标准附录 A 表 A.0.3 的规定。

5.2.4 稀浆罩面设计应符合下列规定：

1 稀浆罩面可分为微表处和稀浆封层，所用集料的级配组成应符合本标准附录 A 表 A.0.4 的规定。

2 微表处混合料类型、稀浆封层混合料类型、单层厚度要求及其适用性应符合表 5.2.4-1 的规定。

表 5.2.4-1 微表处与稀浆封层类型及其适用性

封层类型	材料规格	单层厚度（mm）	适用性
微表处	MS-2 型	4～7	中交通等级高速公路、一级公路、快速路和主干路的罩面
	MS-3 型	8～10	高速公路、一级公路、快速路和主干路的罩面
稀浆封层	ES-1 型	2.5～3	三级、四级公路、支路、停车场的罩面
	ES-2 型	4～7	三级、四级公路、支路的罩面，以及新建道路的下封层
	ES-3 型	8～10	二级公路、次干路的罩面，以及新建道路的下封层

3 微表处混合料与稀浆封层混合料的技术要求应符合表 5.2.4-2 的规定。

表 5.2.4-2 微表处混合料与稀浆封层混合料技术要求

技术指标		微表处	稀浆封层		试验方法
			快开放交通型	慢开放交通型	
可拌和时间（s）25 ℃		≥120	≥120	≥180	CJJ/T 66—2011 附录 A
粘聚力（N·m）	30 min	≥1.2	≥1.2	—	CJJ/T 66—2011 附录 B
	60 min	≥2.0	≥2.0	—	
负荷车轮粘附砂量（g/m^2）		≤450	≤450①		T 0755
湿轮磨耗损失（g/m^2）	浸水 1 h	≤540	≤800		T 0752
	浸水 6 d	≤800	—		
轮辙变形试验的宽度变化率（%）②		≤5	—		CJJ/T 66—2011 附录 C

注：① 用于轻交通量道路的罩面和下封层时，可不要求粘附砂量指标。

② 微表处混合料用于修复车辙时，应进行轮辙试验。

5.2.5 道路路面用材料应符合下列规定：

1 高速公路、一级公路、城市快速路、城市主干路应采用70号A级沥青，质量损失要求不大于0.6%，残留针入度比应大于65%；其他等级道路可采用B级沥青，残留针入度比应大于60%。

2 极重、特重交通道路和高速公路、一级公路、城市快速路、城市主干路的上面层、中面层应选用改性沥青，上面层可采用SBS改性沥青(I-D)、高粘度改性沥青、橡胶沥青或岩沥青改性沥青，中面层可选用SBS改性沥青(I-D)、橡胶沥青、高模量沥青、岩沥青改性沥青或低标号硬质沥青。二级公路、城市次干路的上面层应选用SBS改性沥青(I-C或I-D)、橡胶沥青或岩沥青改性沥青。SBS改性沥青的软化点应高于65 ℃。

3 高速公路、一级公路、城市快速路、城市主干路的表面层用粗集料的针片状颗粒含量要求为：粒径不小于9.5 mm，针片状颗粒含量应不大于10%；粒径小于9.5 mm，针片状颗粒含量应不大于15%。高速公路、一级公路、城市快速路、城市主干路的表面层用碎石压碎值应不大于24%，对骨架型沥青混合料，压碎值应不大于20%，中、下面层用碎石压碎值应不大于26%。钢渣可作为沥青面层集料使用，除应满足以上要求外，钢渣中的游离氧化钙含量应不大于3%，浸水膨胀率应不大于2%，吸水率应不大于3%，且宜选用经滚筒法工艺处理的普碳钢钢渣。

4 拌合楼回收的粉尘不得用于拌制高速公路、一级公路、城市快速路、城市主干路和极重、特重交通道路的沥青混合料；其他等级道路的上面层不得采用回收粉料，中、下面层替代量不得超过矿粉总量的20%。

5 沥青混合料的动稳定度技术要求应符合表5.2.5-1的规定。沥青混合料应测试浸水马歇尔试验残留稳定度(T 0709)和冻融劈裂试验残留强度比(T 0729)检验水稳定性，两项指标应符合表5.2.5-2的规定。水稳定性不满足要求时，可采取掺入消石灰、水泥或抗剥落剂，或更换集料等措施。普通沥青混合料低温破坏应变（−10 ℃，50 mm/min）应不小于 2 000 $\mu\varepsilon$，改性沥青混合料低温破坏应变（−10 ℃，50 mm/min）应不小于 2 500 $\mu\varepsilon$。

表 5.2.5-1　沥青混合料动稳定度技术要求

道路与交通等级	沥青面层	动稳定度（次/mm）
极重、特重交通	上面层	≥5 000
	中面层	≥5 000
	下面层	≥1 500
高速公路、城市快速路	上面层	≥4 500
	中面层	≥3 500
	下面层	≥1 200
一级公路、城市主干路	上面层	≥3 500
	中面层	≥3 500
	下面层	≥1 200
二级公路、城市次干路	上面层	≥3 000
	下面层	≥1 200
三级公路、四级公路、城市支路	上面层	≥2 000
	下面层	≥1 200

表 5.2.5-2　沥青混合料水稳定性技术要求

沥青混合料类型	浸水马歇尔残留稳定度（%）	冻融劈裂试验的残留强度比（%）
普通沥青混合料	80	75
改性沥青混合料	85	80
SMA 混合料（改性沥青）	85	80

5.2.6　沥青路面再生应符合下列规定：

1　应在对旧路面材料充分调查分析的基础上，根据工程要求、道路等级、气候条件、交通情况，充分借鉴成功经验，进行再生混合料设计。

2 厂拌热再生与温再生混合料可用于道路的沥青面层与柔性基层，就地热再生混合料可用于沥青路面表面层的预防性养护，厂拌冷再生与就地冷再生混合料可用于道路的下面层、基层与垫层。

5.3 结构组合设计

5.3.1 沥青路面结构的类型按基层材料不同可分为半刚性基层沥青路面、粒料基层沥青路面、沥青类基层沥青路面与刚性基层沥青路面四大类，典型路面结构组合见表 5.3.1-1～表 5.3.1-4。

表 5.3.1-1 半刚性基层沥青路面

<table>
<tr><td rowspan="2">面层</td><td>表面层</td><td colspan="2">密级配沥青混合料、沥青玛蹄脂碎石、开级配沥青磨耗层</td></tr>
<tr><td>中、下面层</td><td colspan="2">密级配沥青混合料、沥青稳定碎石</td></tr>
<tr><td rowspan="2">基层</td><td>上基层</td><td colspan="2">水泥或石灰粉煤灰稳定碎石</td></tr>
<tr><td>下基层</td><td>水泥、石灰粉煤灰或
石灰稳定碎(砾)石或土</td><td>级配碎(砾)石</td></tr>
<tr><td colspan="2">垫层</td><td colspan="2">砂、砾、碎石、工业废渣等粒料材料</td></tr>
</table>

表 5.3.1-2 粒料基层沥青路面

<table>
<tr><td rowspan="2">面层</td><td>表面层</td><td colspan="2">密级配沥青混合料</td></tr>
<tr><td>中、下面层</td><td colspan="2">密级配沥青混合料</td></tr>
<tr><td rowspan="2">基层</td><td>上基层</td><td colspan="2">级配碎石</td></tr>
<tr><td>下基层</td><td>级配碎(砾)石</td><td>水泥、石灰粉煤灰或
石灰稳定碎(砾)石或土</td></tr>
<tr><td colspan="2">垫层</td><td colspan="2">砂、砾、碎石、工业废渣等粒料材料</td></tr>
</table>

表 5.3.1-3　沥青类基层沥青路面

<table>
<tr><td rowspan="2">面层</td><td>表面层</td><td colspan="2">密级配沥青混合料、沥青玛蹄脂碎石、开级配沥青磨耗层</td></tr>
<tr><td>中、下面层</td><td colspan="2">密级配沥青混合料</td></tr>
<tr><td rowspan="2">基层</td><td>上基层</td><td>密级配沥青混合料</td><td>开级配沥青碎石排水层</td></tr>
<tr><td>下基层</td><td>级配碎(砾)石</td><td>水泥、石灰粉煤灰或石灰稳定碎(砾)石或土</td></tr>
<tr><td colspan="2">垫层</td><td colspan="2">砂、砾、碎石、工业废渣等粒料材料</td></tr>
</table>

表 5.3.1-4　刚性基层沥青路面

<table>
<tr><td rowspan="2">面层</td><td>表面层</td><td colspan="2">密级配沥青混合料、沥青玛蹄脂碎石、开级配沥青磨耗层</td></tr>
<tr><td>中、下面层</td><td colspan="2">密级配沥青混合料、沥青稳定碎石</td></tr>
<tr><td rowspan="2">基层</td><td>上基层</td><td colspan="2">贫混凝土、普通水泥混凝土、多孔水泥混凝土</td></tr>
<tr><td>下基层</td><td>水泥、石灰粉煤灰或石灰稳定碎(砾)石或土</td><td>级配碎(砾)石</td></tr>
<tr><td colspan="2">垫层</td><td colspan="2">砂、砾、碎石、工业废渣等粒料材料</td></tr>
</table>

5.3.2　面层各层的混合料类型应与交通荷载等级以及使用要求相适应，并应符合下列规定：

1　极重、特重交通道路和高速公路、一级公路、城市快速路、城市主干路，面层应采用三层结构，且上、中面层应选用改性沥青混合料；二级公路、城市次干路面层可采用两层或三层结构，上面层应选用改性沥青混合料；三级、四级公路及城市支路面层可采用两层结构，上面层可选用改性沥青混合料。改性沥青混合料可选用 SBS 改性沥青混合料、橡胶沥青混合料、高模量沥青混合料或岩沥青改性沥青混合料。

2　城市快速路上面层宜选用开级配透水沥青面层。对于周围居民区较多的道路宜选用低噪声沥青路面，可采用橡胶沥青面层或开级配透水沥青面层。人行道、非机动车道、景观硬地、停车场、广场可采用全透式透水路面结构。全透式透水路面结构可选择表 5.3.2 的透水沥青路面典型结构。

表 5.3.2　全透式透水沥青路面典型结构

<table>
<tr><td rowspan="2">结构组合</td><td colspan="3">轻型荷载</td><td colspan="3">人群荷载</td></tr>
<tr><td>典型结构 1</td><td>典型结构 2</td><td>典型结构 3</td><td>典型结构 1</td><td>典型结构 2</td><td>典型结构 3</td></tr>
<tr><td>面层</td><td colspan="3">表面层：3 cm～4 cm 细粒式透水沥青混合料
下面层：5 cm～6 cm 中粒式透水沥青混合料</td><td colspan="3">表面层：3 cm～4 cm 细粒式透水沥青混合料
下面层（可选择）：5 cm～6 cm 中粒式透水沥青混合料</td></tr>
<tr><td>基层</td><td>15 cm～18 cm 骨架空隙型水泥稳定碎石</td><td>12 cm～15 cm C20 透水水泥混凝土</td><td>8 cm～12 cm 大粒径透水沥青混合料、开级配沥青稳定碎石</td><td>15 cm 骨架空隙型水泥稳定碎石</td><td>8 cm～10 cm C20 透水水泥混凝土</td><td>10 cm～15 cm 级配碎石</td></tr>
<tr><td>垫层</td><td colspan="6">10 cm～20 cm 级配碎石、级配砾石</td></tr>
</table>

3　城市景观道路、快速公交专用车道，可采用彩色沥青面层作为表面功能层，彩色沥青面层的设计、施工与验收应符合现行行业标准《城市道路彩色沥青混凝土路面技术规程》CJJ/T 218、现行上海市工程建设规范《彩色路面技术标准》DG/TJ 08—2318 的相关规定。

5.3.3　沥青面层层间应设置粘层，半刚性基层与粒料基层顶面应设置透层，极重、特重交通道路和高速公路、一级公路、城市快速路、城市主干路必须设置下封层，下封层可采用稀浆封层、碎石封层或纤维封层等。

5.3.4　应减少半刚性基层沥青路面收缩开裂和反射裂缝，可选择采取下列措施：

1　可适当增加沥青层的厚度。

2　可在半刚性材料层上设置沥青稳定碎石等柔性基层。

3　可在半刚性基层上设置应力吸收层或铺设经实践证明有效的土工合成材料等。

5.4　结构设计指标与要求

5.4.1　公路沥青路面结构设计应符合现行行业标准《公路沥青路

面设计规范》JTG D50 的相关规定。

5.4.2 城市道路沥青路面结构设计应满足结构整体刚度、沥青层或半刚性基层抗疲劳开裂和沥青层抗变形的要求。应根据道路类型选择路表弯沉值、柔性基层沥青层层底拉应变、半刚性材料基层层底拉应力和沥青层剪应力作为沥青路面结构设计指标，并应符合下列规定：

1 快速路、主干路和次干路应采用路表弯沉值、半刚性材料基层层底拉应力、沥青层剪应力或柔性基层沥青层层底拉应变作为设计指标。

2 支路宜采用路表弯沉值、半刚性材料基层层底拉应力、沥青层剪应力或柔性基层沥青层层底拉应变作为设计指标。

5.4.3 结构极限状态应符合下列规定：

1 路表计算弯沉 l_s 应小于或等于路表设计弯沉值 l_d，以保证路面结构整体刚度，应符合下式要求：

$$\gamma_a l_s \leqslant l_d \tag{5.4.3-1}$$

式中：γ_a——沥青路面可靠度系数，可按表 3.1.5 确定；

l_s——轮隙中心处路表计算的弯沉值（0.01 mm），可按式（5.4.4-1）计算确定；

l_d——路表的设计弯沉值（0.01 mm），可按式（5.4.6-1）计算确定。

2 半刚性基层层底拉应力 σ_m 应小于或等于材料的容许抗拉强度 $[\sigma_R]$，以防止半刚性基层出现疲劳开裂，应符合下式要求：

$$\gamma_a \sigma_m \leqslant [\sigma_R] \tag{5.4.3-2}$$

式中：σ_m——半刚性材料基层层底计算的最大拉应力（MPa），可按式（5.4.4-6）计算确定；

$[\sigma_R]$——半刚性材料的容许抗拉强度（MPa），可按式（5.4.6-4）计算确定。

3 沥青层最大剪应力 τ_m 应小于或等于该层材料的容许抗剪强度 $[\tau_R]$，以防止路面出现车辙、波浪、推挤等损坏，应符合下式要求：

$$\gamma_a \tau_m \leqslant [\tau_R] \tag{5.4.3-3}$$

式中：τ_m——沥青面层计算的最大剪应力(MPa)，可按式(5.4.4-8)计算确定；

$[\tau_R]$——沥青面层材料的容许抗剪强度(MPa)，可按式(5.4.6-7)计算确定。

4 沥青层层底计算的最大拉应变 ε_t 应小于或等于材料的容许拉应变 $[\varepsilon_R]$，以防止沥青层疲劳开裂，应符合下式要求：

$$\gamma_a \varepsilon_t \leqslant [\varepsilon_R] \tag{5.4.3-4}$$

式中：ε_t——柔性基层沥青层层底计算的最大拉应变，可按式(5.4.4-4)计算确定；

$[\varepsilon_R]$——沥青层材料的容许拉应变，可按式(5.4.6-2)计算确定。

5.4.4 新建沥青路面结构设计应采用双圆垂直均布荷载作用下的弹性层状连续体系理论进行计算。路面荷载与计算点如图 5.4.4 所示。设计指标应符合下列规定：

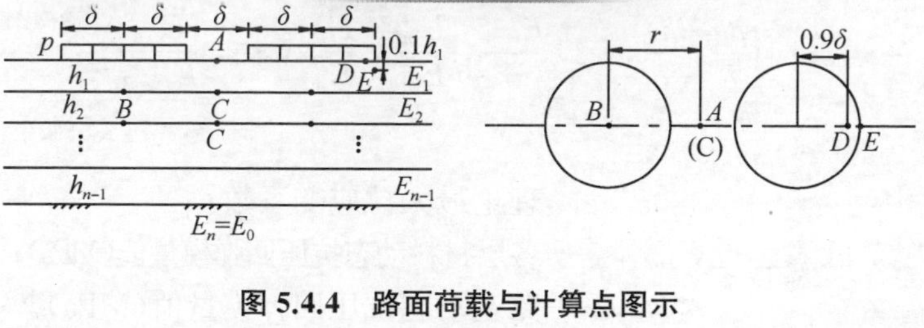

图 5.4.4 路面荷载与计算点图示

1 路表弯沉值计算点位置应为双轮轮隙中心点 A，计算弯沉值应按下列公式计算：

$$l_s = 1\,000\,\frac{2p\delta}{E_1}\alpha_w \cdot F \tag{5.4.4-1}$$

$$\alpha_w = f\left(\frac{h_1}{\delta}, \frac{h_2}{\delta}, \cdots, \frac{h_{n-1}}{\delta}, \frac{E_2}{E_1}, \frac{E_0}{E_2}, \cdots, \frac{E_0}{E_{n-1}}\right) \tag{5.4.4-2}$$

$$F = 1.63\left(\frac{l_s}{2\,000\delta}\right)^{0.38}\left(\frac{E_0}{p}\right)^{0.36} \tag{5.4.4-3}$$

式中：p——标准轴载下的轮胎接地压强(MPa)；

δ——当量圆半径(cm)；

α_w——理论弯沉系数；

E_0——路基抗压回弹模量值(MPa)；

$E_1, E_2, \cdots, E_{n-1}$——各层材料抗压回弹模量值(MPa)；

$h_1, h_2, \cdots, h_{n-1}$——各结构层设计厚度(cm)；

F——弯沉综合修正系数。

2 柔性基层沥青层层底拉应变的计算点位置应为沥青层底面单圆中心点或双圆轮隙中心点，并应取较大值作为层底拉应变。柔性基层沥青层层底的最大拉应变应按下列公式计算：

$$\varepsilon_t = \frac{p}{E_m}\bar{\varepsilon}_t \tag{5.4.4-4}$$

$$\bar{\varepsilon}_t = \left(\frac{h_1}{\delta}, \frac{h_2}{\delta}, \cdots, \frac{h_{n-1}}{\delta}, \frac{E_{m2}}{E_{m1}}, \frac{E_{m3}}{E_{m2}}, \cdots, \frac{E_{m0}}{E_{mn-1}}\right) \tag{5.4.4-5}$$

式中：$\bar{\varepsilon}_t$——理论最大拉应变系数；

$E_{m1}, E_{m2}, \cdots, E_{mn-1}$——各层材料动态抗压回弹模量值(MPa)；

E_{m0}——路基动态抗压回弹模量值(MPa)。

3 半刚性材料基层层底拉应力的计算点应为半刚性基层层底单圆荷载中心处或双圆轮隙中心，并取较大值作为层底拉应力。层底最大拉应力应按下列公式计算：

$$\sigma_m = p\bar{\sigma}_m \tag{5.4.4-6}$$

$$\bar{\sigma}_m = f\left(\frac{h_1}{\delta}, \frac{h_2}{\delta}, \cdots, \frac{h_{n-1}}{\delta}, \frac{E_2}{E_1}, \frac{E_3}{E_2}, \cdots, \frac{E_0}{E_{n-1}}\right) \tag{5.4.4-7}$$

式中：$\bar{\sigma}_m$——理论最大拉应力系数；

$E_1, E_2, \cdots, E_{n-1}$——各层材料抗压回弹模量值(MPa)。

4 沥青面层剪应力最大值计算点位置应取荷载外侧边缘路表距单圆荷载中心点 0.9δ 点 D 或离路表 $0.1h_1$ 距单圆荷载中心点 δ 点 E，并取较大值作为面层剪应力，应按下列公式计算：

$$\tau_m = p\bar{\tau}_m \tag{5.4.4-8}$$

$$\bar{\tau}_m = f\left(f_h, \frac{h_1}{\delta}, \frac{h_2}{\delta}, \cdots, \frac{h_{n-1}}{\delta}, \frac{E_2}{S_m}, \frac{E_3}{E_2}, \cdots, \frac{E_0}{E_{n-1}}\right) \tag{5.4.4-9}$$

式中：$\bar{\tau}_m$——理论最大剪应力系数；

S_m——沥青表面层材料 60 ℃抗压回弹模量值(MPa)；

$E_2, E_3, \cdots, E_{n-1}$——各层材料抗压回弹模量值(MPa)；

f_h——水平力系数(对于一般行驶路段为 0.5；对于公交车停车站、交叉口等缓慢制动路段为 0.2)。

5.4.5 材料设计参数应符合下列规定：

1 路面设计抗压回弹模量、劈裂强度和抗剪强度等设计参数应根据道路等级和设计阶段的要求确定，并应符合下列规定：

1) 可行性研究阶段可按本标准附录 B 表 B.0.1～表 B.0.4 确定设计参数。

2) 快速路、主干路初步设计阶段或次干路及以下道路施工图设计阶段时，可借鉴上海市已有的试验资料或工程经验确定。

3）快速路与主干路施工图设计阶段时，设计参数应通过试验确定。当采用新材料时，必须实测设计参数。

2 材料设计参数的确定应符合下列规定：

1）计算路表弯沉时，设计参数应采用抗压回弹模量，沥青层模量取 20 ℃时的抗压回弹模量。材料设计参数可按本标准附录 B 表 B.0.1 和表 B.0.2 确定。计算路表弯沉值、沥青层底拉应变时，抗压回弹模量设计值 E 应按下式计算：

$$E=\bar{E}-Z_{\alpha}S \tag{5.4.5-1}$$

式中：$\bar{E}$ ——各试件模量的平均值（MPa）；

Z_{α} ——保证率系数，取 2.0；

S——各试件模量的标准差。

2）计算柔性基层沥青层层底拉应变时，沥青层模量采用 20 ℃动态回弹模量，可按本标准附录 B 表 B.0.3 确定；半刚性基层的模量设计值，可按本标准附录 B 表 B.0.3 取值，松散粒料与土基回弹模量可按下式计算确定：

$$E_{m0}=17.63\,(CBR)^{0.64} \tag{5.4.5-2}$$

式中：E_{m0}——松散粒料与土基回弹模量（MPa）；

CBR——加州承载比（%）。

3）计算半刚性基层层底拉应力时，设计参数应采用抗压回弹模量，沥青层模量取 15 ℃时的抗压回弹模量。材料设计参数可按本标准附录 B 表 B.0.1 和表 B.0.2 确定。

半刚性材料应在规定的龄期下测试抗压回弹模量，水泥稳定类材料的龄期为 90 d、二灰稳定类和石灰稳定类材料的龄期为 180 d、水泥粉煤灰稳定材料的龄期为 120 d。

计算层底拉应力时应考虑模量的最不利组合。在计算层底拉应力时，计算层以下各层的模量应按式（5.4.5-1）计算其模量设计值;计算层及以上各层模量应按式 (5.4.5-3)计算其模量设计值。

$$E=\bar{E}+Z_{\alpha}S \tag{5.4.5-3}$$

4) 计算沥青层剪应力时,设计参数采用抗压回弹模量,沥青上面层取 60 ℃的抗压回弹模量,可按本标准附录 B 表 B.0.1 取用,中下沥青面层取 20 ℃的抗压回弹模量。半刚性材料设计参数可按本标准附录 B 表 B.0.2 确定。

5) 路基回弹模量应在不利季节用标准承载板实测确定;当受条件限制时,可在土质与水文条件相近的邻近路段测定,亦可现场取土样在室内测定。

5.4.6 设计标准应符合下列规定:

1 沥青路面路表设计弯沉值 l_{d}应根据道路等级、设计工作年限内累计当量轴次、面层和基层类型按下式计算确定:

$$l_{\mathrm{d}}=600N_{\mathrm{e}}^{-0.2}A_{\mathrm{c}}A_{\mathrm{s}}A_{\mathrm{b}} \tag{5.4.6-1}$$

式中:A_{c}——道路等级系数(快速路、主干路为 1.0,次干路为 1.1,支路为 1.2);

A_{s}——面层类型系数(沥青混合料为 1.0,热拌和温拌或冷拌沥青碎石、沥青贯入式和沥青表面处治为 1.1);

A_{b}——基层类型系数(半刚性基层、柔性结构层小于 180 mm 时,为 1.0;沥青类基层、粒料基层与柔性结构层大于 300 mm 时,为 1.6;柔性结构层厚度在 180 mm～300 mm 之间时,为线性内插值)。

2 沥青路面材料的容许拉应变$[\varepsilon_{\mathrm{R}}]$应按下式计算确定:

$$[\varepsilon_{\mathrm{R}}]=0.15E_{\mathrm{m}}^{-1/3}10^{M/4}N_{\mathrm{e}}^{-1/4} \tag{5.4.6-2}$$

$$M=4.84\left(\frac{V_{\mathrm{b}}}{V_{\mathrm{b}}+V_{\mathrm{a}}}-0.69\right) \tag{5.4.6-3}$$

式中:E_{m}——沥青混合料 20 ℃动态回弹模量(MPa);

M——沥青混合料空隙率与有效沥青含量的函数；

V_b——有效沥青含量，以体积比计(%)；

V_a——空隙率(%)。

3 半刚性材料的容许抗拉强度$[\sigma_R]$应按下式计算确定：

$$[\sigma_R]=\frac{\sigma_s}{K_s} \tag{5.4.6-4}$$

$$K_s=0.35N_e^{0.11}/A_c \tag{5.4.6-5}$$

$$K_s=0.45N_e^{0.11}/A_c \tag{5.4.6-6}$$

式中：σ_s——对于水泥稳定类材料，为 90 d 龄期的劈裂强度；对二灰稳定类和石灰稳定类材料，为 180 d 龄期的劈裂强度；对于水泥粉煤灰稳定材料，为龄期 120 d 龄期的劈裂强度(MPa)。

K_s——抗拉强度结构系数，无机结合料稳定集料类的抗拉强度结构系数应按式(5.4.6-5)计算；无机结合料稳定细粒土类的抗拉强度结构系数应按(5.4.6-6)式计算。

4 沥青面层材料的容许抗剪强度$[\tau_R]$应按下式计算：

$$[\tau_R]=\frac{\tau_s}{K_r} \tag{5.4.6-7}$$

$$K_r=1.2/A_c \tag{5.4.6-8}$$

$$K_r=0.39N_p^{0.15}/A_c \tag{5.4.6-9}$$

式中： τ_s——沥青面层材料的 60 ℃抗剪强度(MPa)，可按本标准附录 B 表 B.0.1 或附录 C 试验确定；

K_r——抗剪强度结构系数，一般行驶路段应按式(5.4.6-8)计算，交叉口和公交车停车站缓慢制动路段应按式(5.4.6-9)计算；

N_p——交叉口或公交车停车站设计工作年限内同一位置停车的累计当量轴次。

5.4.7 沥青路面结构设计应按下列主要步骤进行：

1 根据道路等级、使用要求、交通条件、材料供应与施工技术等确定面层类型，初拟路面整体结构类型。

2 根据土质、水文状况、工程地质条件与施工条件等，将路基分段，确定土基回弹模量。

3 收集调查交通量，计算设计工作年限内一个方向上设计车道的累计当量轴次。

4 进行路面结构组合设计，确定各层材料设计参数。

5 根据道路等级和基层类型确定设计指标(设计弯沉、容许抗拉强度、容许抗剪强度、容许拉应变)，根据面层类型、道路等级和变异水平等级确定可靠度系数。

6 进行路面结构厚度设计，路面结构设计应满足各设计指标要求。

7 进行技术经济对比，确定最终路面结构方案。

6 水泥混凝土路面

6.1 一般规定

6.1.1 水泥混凝土路面设计应包括结构组合与厚度、材料组成、接缝构造和钢筋配置等。水泥混凝土路面设计方案应根据交通等级，结合气候、水文、土质、材料、施工技术、环境保护等，通过技术经济分析比选确定。

6.1.2 水泥混凝土路面结构应按规定的安全等级和目标可靠度，承受预期的交通荷载作用，并与所处的自然环境相适应，满足设计工作年限内的性能要求。

6.1.3 预应力混凝土路面设计应符合现行国家标准《预应力混凝土路面工程技术规范》GB 50422 的相关规定。

6.1.4 水泥混凝土路面接缝设计和面层配筋设计应符合现行行业标准《城镇道路路面设计规范》CJJ 169 或《公路水泥混凝土路面设计规范》JTG D40 的相关规定。

6.2 结构设计指标与要求

6.2.1 水泥混凝土路面结构设计应以面层板在设计工作年限内，在行车荷载和温度梯度综合作用下，不产生疲劳断裂作为设计标准，并以最重轴载和最大温度梯度综合作用下，不产生极限断裂作为验算标准。应分别符合下式规定：

$$\gamma_r(\sigma_{pr}+\sigma_{tr})\leqslant f_r \tag{6.2.1-1}$$

$$\gamma_r(\sigma_{p,max}+\sigma_{t,max})\leqslant f_r \tag{6.2.1-2}$$

式中：γ_r——可靠度系数，依据所选目标可靠度、变异水平等级及变异系数通过计算确定；

σ_{pr}——面层板在临界荷位处产生的行车荷载疲劳应力（MPa）；

σ_{tr}——面层板在临界荷位处产生的温度梯度疲劳应力（MPa）；

$\sigma_{p,max}$——最重的轴载在临界荷位处产生的最大荷载应力（MPa）；

$\sigma_{t,max}$——最大温度梯度在临界荷位处产生的最大温度翘曲应力（MPa）；

f_r——水泥混凝土弯拉强度标准值（MPa）。

6.2.2 贫混凝土或碾压混凝土基层应以设计工作年限内行车荷载不产生疲劳断裂作为设计标准，并符合下式规定：

$$\gamma_c \sigma_{bpr} \leqslant f_{br} \tag{6.2.2}$$

式中：σ_{bpr}——基层内产生的行车荷载疲劳应力（MPa）；

f_{br}——基层材料的弯拉强度标准值（MPa）。

6.2.3 水泥混凝土的设计强度应采用28 d龄期的弯拉强度。各交通等级要求的混凝土弯拉强度标准值不得低于表6.2.3的规定。

表6.2.3 水泥混凝土弯拉强度标准值

交通等级	极重、特重、重	中等	轻
水泥混凝土的弯拉强度标准值（MPa）	5.0	4.5	4.5
钢纤维混凝土的弯拉强度标准值（MPa）	6.0	5.5	5.0

6.2.4 非机动车道、人行道、人行广场、步行街采用水泥混凝土面层时，水泥混凝土28 d龄期的弯拉强度不应低于3.5 MPa，公共停车场水泥混凝土面层28 d龄期的弯拉强度不应低于4.5 MPa。

6.3 面层材料

6.3.1 水泥混凝土所用集料公称最大粒径不应大于 31.5 mm，砂的细度模数不宜小于 2.5。

6.3.2 对重交通及以上交通等级道路应采用强度等级 42.5 级以上的道路硅酸盐水泥或普通硅酸盐水泥；中、轻交通等级的道路可采用矿渣水泥，其强度等级不宜低于 42.5 级。最小单位水泥用量应符合表 6.3.2 的规定。

表 6.3.2 路面混凝土最小单位水泥用量

道路等级		二级公路、次干路	三级与四级公路、支路
最小单位水泥用量（kg/m^3）	42.5 级道路硅酸盐水泥	300	290
	42.5 级矿渣水泥	310	305

6.3.3 厚度大于 280 mm 的普通混凝土面层，当分上下两层连续铺筑时，上层宜为总厚度的 1/3，可采用高强、耐磨的混凝土材料，集料公称最大粒径宜为 19 mm。

6.3.4 钢纤维混凝土集料公称最大粒径宜为钢纤维长度的 1/2～2/3，对于铣削型钢纤维集料公称最大粒径不宜大于 26.5 mm，对于剪切型或熔抽型钢纤维集料公称最大粒径不宜大于 19 mm。钢纤维的抗拉强度标准值不宜小于 600 级（600 MPa ～1 000 MPa），以体积率计的钢纤维掺量宜为 0.6%～1.0%。采用 42.5 级道路硅酸盐水泥时，最小单位水泥用量应不小于 360 kg/m^3。

6.3.5 材料性质参数确定应符合下列规定：

1 路床土和路面各结构层混合料的各项性质参数，应按相应试验规程的标准试验方法试验确定。

2 当受条件限制而无试验数据时，混凝土弯拉弹性模量以及路床土和垫层、基层混合料的回弹模量标准值，可结合工程经验分析确定。

3 混凝土配合比设计时的混凝土试配 28 d 龄期弯拉强度的均值应按下式确定：

$$f_{rm}=\frac{f_r}{1-1.04c_v}+t_c s \tag{6.3.5}$$

式中：f_{rm}——混凝土试配 28 d 龄期弯拉强度的均值(MPa)；

c_v——混凝土 28 d 龄期弯拉强度的变异系数，按表 3.1.6-1 确定；

s——混凝土 28 d 龄期弯拉强度试验样本的标准差；

t_c——保证率系数，按表 6.3.5 确定。

表 6.3.5 保证率系数

道路等级	判别概率 p	样本数 n(组)			
		6	9	15	20
二级公路、次干路	0.15	0.46	0.37	0.28	0.24
三级与四级公路、支路	0.20	0.37	0.29	0.22	0.19

6.3.6 透水水泥混凝土的技术要求应符合表 6.3.6 的规定。

表 6.3.6 透水水泥混凝土的技术要求

技术指标		单位	技术要求		试验方法
耐磨性(磨坑长度)		mm	≤30		GB/T 12988
透水系数(15 ℃)		mm/s	≥0.5		CJJ/T 135—2009 附录 A
抗冻性	夏热冬冷地区	—	D25		GB/T 50082(慢冻法)
连续孔隙率		%	≥10		CJJ/T 253—2016 附录 A
强度等级		—	C20	C30	GB/T 50081
抗压强度(28 d)		MPa	≥20.0	≥30.0	GB/T 50081
弯拉强度(28 d)		MPa	≥2.5	≥3.5	JTG E30

6.4 结构组合设计

6.4.1 水泥混凝土面层应具有足够的强度、耐久性，表面应抗滑、耐磨与平整。

6.4.2 面层宜采用设置接缝的普通混凝土。当面层板的平面尺寸较大或形状不规则，路面结构下埋有地下设施，高填方、软土地基、填挖交界段的路基等有可能产生不均匀沉降时，应采用设置接缝及传力杆的钢筋混凝土面层。面层类型应按表 6.4.2 选择。

表 6.4.2 面层类型选择

面层类型	适用条件
连续配筋混凝土面层	极重、特重交通道路
钢纤维混凝土面层	标高受限制路段、收费站、混凝土加铺层和桥面铺装
普通水泥混凝土路面	二级及以下公路、次干路、支路、停车场、广场

6.4.3 普通混凝土、钢筋混凝土或钢纤维混凝土面层板宜采用矩形。其纵向和横向接缝应垂直相交，纵缝两侧的横缝不得相互错位。当出现错缝时，与接缝相对的板边必须加设防裂钢筋。

6.4.4 普通混凝土、钢筋混凝土和连续配筋混凝土面层所需的厚度，可按表 6.4.4 所列范围选用并满足计算要求。

表 6.4.4 水泥混凝土面层厚度的参考范围

<table>
<tr><td>交通等级</td><td colspan="3">极重、特重</td><td colspan="3">重</td></tr>
<tr><td>道路等级</td><td colspan="3">二级公路、次干路</td><td colspan="3">二级公路、次干路</td></tr>
<tr><td>变异水平等级</td><td colspan="3">中</td><td colspan="3">中</td></tr>
<tr><td>面层厚度(mm)</td><td colspan="3">≥240</td><td colspan="3">≥220</td></tr>
<tr><td>交通等级</td><td colspan="4">中</td><td colspan="2">轻</td></tr>
<tr><td>道路等级</td><td colspan="2">二级公路、次干路</td><td>三级、四级公路、支路</td><td>三级、四级公路、支路</td><td colspan="2">三级、四级公路、支路</td></tr>
<tr><td>变异水平等级</td><td>高</td><td>中</td><td>高</td><td>中</td><td>高</td><td>中</td></tr>
<tr><td>面层厚度(mm)</td><td>≥220</td><td colspan="2">≥200</td><td>≥200</td><td>≥180</td><td>≥180</td></tr>
</table>

6.4.5 钢纤维混凝土面层的厚度按钢纤维掺量确定，钢纤维体积率为 0.6%～1.0%时，其厚度为普通混凝土面层厚度的 0.65 倍～0.75 倍。极重、特重或重交通时，其最小厚度为 180 mm；中或轻交通时，其最小厚度为 160 mm。

6.4.6 复合式路面的沥青混凝土面层的厚度不宜小于 40 mm。水泥混凝土面层的计算厚度，应满足计算要求。水泥混凝土下面层与沥青混凝土上面层之间应设置黏层。

6.4.7 各种混凝土面层的计算厚度应符合式(6.2.1-1)与式(6.2.1-2)的要求。荷载疲劳应力和温度疲劳应力按本标准第 6.5 节计算。面层设计厚度依计算厚度按 10 mm 向上取整。采用碾压混凝土或贫混凝土做基层时，宜将基层与混凝土面层视作分离式双层板进行应力分析。上、下层板在临界荷位处的荷载疲劳应力和温度疲劳应力按本标准第 6.5 节计算。上、下层板的计算厚度应分别符合式(6.2.1-1)与式(6.2.1-2)的要求。

6.4.8 透水水泥混凝土可用于人行道、步行街、非机动车道、公园道路、小区道路、停车场和广场，其路面结构可按照表 6.4.8 中的典型结构进行选取。

表 6.4.8 透水水泥混凝土路面典型结构

结构组合	轻型荷载		人群荷载	
	典型结构 1	典型结构 2	典型结构 1	典型结构 2
面层	≥10 cm C30 透水水泥混凝土	≥10 cm C30 透水水泥混凝土	8 cm～10 cm C20 透水水泥混凝土	8 cm～10 cm C20 透水水泥混凝土
基层	15 cm 级配碎石	15 cm～18 cm 骨架空隙型水泥稳定碎石	10 cm～15 cm 级配碎石	15 cm 骨架空隙型水泥稳定碎石
垫层	10 cm～20 cm 级配碎石、级配砾石			

6.5 结构厚度计算

6.5.1 单层混凝土板荷载应力分析应符合下列规定：

1 选取混凝土板的纵缝边缘中部作为产生最大荷载和温度梯度综合疲劳损坏的临界荷位。

2 设计轴载在临界荷位处产生的荷载疲劳应力 σ_{pr} 按下式计算确定：

$$\sigma_{pr}=k_r k_f k_c \sigma_{ps} \tag{6.5.1-1}$$

式中：σ_{pr}——设计轴载在临界荷位处产生的荷载疲劳应力(MPa)；

σ_{ps}——设计轴载在四边自由板的临界荷位处产生的荷载应力(MPa)；

k_r——考虑接缝传荷能力的应力折减系数[纵缝为设拉杆的平缝时，k_r取 0.87～0.92(刚性和半刚性基层取低值，柔性基层取高值)；纵缝为不设拉杆的平缝或自由边时，k_r取 1.0；纵缝为设拉杆的企口缝时，k_r取 0.76～0.84]；

k_f——考虑设计工作年限内荷载应力累计疲劳作用的疲劳应力系数，按式(6.5.1-5)确定；

k_c——考虑偏载和动载等因素对路面疲劳损坏影响的综合系数，按表 6.5.1-1 确定。

表 6.5.1-1 综合系数 k_c

道路等级	二级公路、次干路	三级与四级公路、支路
k_c	1.05	1.00

3 设计轴载在四边自由板临界荷位处产生的荷载应力 σ_{ps} 按下式计算确定：

$$\sigma_{ps}=1.47\times10^{-3}r^{0.70}h_c^{-2}P_s^{0.94} \tag{6.5.1-2}$$

$$r=1.21(D_c/E_t)^{1/3} \tag{6.5.1-3}$$

$$D_c=\frac{E_c h_c^3}{12(1-\nu_c^2)} \tag{6.5.1-4}$$

式中：P_s——设计轴载的单轴重(kN)；

r——混凝土板的相对刚度半径(m)；

h_c——混凝土板的厚度(m)；

E_c——弯拉弹性模量(MPa)；

ν_c——泊松比；

D_c——混凝土面板的截面弯曲刚度(MN·m)；

E_t——板底地基当量回弹模量(MPa)。

4 设计工作年限内的荷载疲劳应力系数 k_f 按下式计算确定：

$$k_f=N_e'^{v} \tag{6.5.1-5}$$

$$v=0.053-0.017\rho_f\frac{l_f}{d_f} \tag{6.5.1-6}$$

式中：N'_e——设计工作年限内标准轴载累计作用次数，按式(3.2.3-2)确定；

ν——与混合料性质有关的指数[对于普通混凝土、钢筋混凝土、连续配筋混凝土，$\nu=0.057$；对于碾压混凝土和贫混凝土，$\nu=0.065$；对于钢纤维混凝土，ν 按式(6.5.1-6)计算确定]；

ρ_f——钢纤维的体积率(%)；

l_f——钢纤维的长度(mm)；

d_f——钢纤维的直径(mm)。

5 新建道路的板底地基当量回弹模量 E_t 按下式计算确定：

$$E_t=\left(\frac{E_x}{E_0}\right)^{\alpha}E_0 \tag{6.5.1-7}$$

$$\alpha=0.86+0.26\ln h_x \tag{6.5.1-8}$$

$$E_x=\sum_{i=1}^{n}(h_i^2E_i)\Big/\sum_{i=1}^{n}h_i^2 \tag{6.5.1-9}$$

$$h_x=\sum_{i=1}^{n}h_i \tag{6.5.1-10}$$

式中：E_0——路床顶综合回弹模量(MPa)；

α——与粒料层总厚度 h_x有关的回归系数；

E_x——粒料层的当量回弹模量(MPa)；

h_x——粒料层的总厚度(m)；

E_i——第 i 结构层的回弹模量(MPa)；

h_i——第 i 结构层厚度(m)。

6 最重轴载在面层板临界荷位处产生的最大荷载应力 $\sigma_{p,max}$，按下式计算确定：

$$\sigma_{p,max}=k_rk_c\sigma_{pm} \tag{6.5.1-11}$$

式中：$\sigma_{p,max}$——最重轴载 P_m在临界荷位处产生的最大荷载应力(MPa)；

σ_{pm}——最重轴载 P_m在四边自由板临界荷位处产生的最大荷载应力(MPa)，按式(6.5.1-2)计算，式中的标准轴载改为最重轴载。

6.5.2 单层混凝土板温度应力分析应符合下列规定：

1 在临界荷位处的温度疲劳应力按式(6.5.2-1)确定。

$$\sigma_{tr}=k_t\sigma_{t,max} \tag{6.5.2-1}$$

式中：σ_{tr}——面层板临界荷位处的温度疲劳应力(MPa)；

$\sigma_{t,max}$——最大温度梯度时面层板的温度翘曲应力(MPa)，按本标准第 6.5.2 条第 2 款确定；

k_t——考虑温度应力累计疲劳作用的温度疲劳应力系数，按本标准第 6.5.2 条第 3 款确定。

2 最大温度梯度时混凝土板的温度翘曲应力按下式计算：

$$\sigma_{t,\max}=\frac{\alpha_c E_c h_c T_g}{2}B_x \tag{6.5.2-2}$$

$$B_x=1.77e^{-4.48h}C_x-0.131(1-C_x) \tag{6.5.2-3}$$

$$C_x=1-\frac{\sinh t\cos t+\cosh t\sin t}{\cos t\sin t+\sinh t\cosh t} \tag{6.5.2-4}$$

$$t=L/3r \tag{6.5.2-5}$$

式中：α_c——混凝土的线膨胀系数(1/℃)，可取 1×10^{-5}/℃；

T_g——道路所在地 50 年一遇的最大温度梯度，按本标准第 3.1.9 条确定；

h_c——面层板的厚度(m)；

B_x——综合温度翘曲应力和内应力作用的温度应力系数；

C_x——混凝土面层板的温度翘曲应力系数；

r——面层板的相对刚度半径 (m)；

L——板长，即横缝间距(m)。

3 温度疲劳应力系数应按下式计算：

$$k_t=\frac{f_r}{\sigma_{t,\max}}\left[0.841\times\left(\frac{\sigma_{t,\max}}{f_r}\right)^{1.323}-0.058\right] \tag{6.5.2-6}$$

6.5.3 双层混凝土板荷载应力分析应符合下列规定：

1 面层板或上面层板的荷载疲劳应力 σ_{pr}应按式(6.5.1-1)计算。其中，荷载疲劳应力系数 k_f、应力折减系数 k_r和综合系数 k_c的确定方法，与单层板的相同；设计轴载 P_s在上层板临界荷位处产生的荷载应力 σ_{ps}下式计算：

$$\sigma_{ps}=\frac{1.45\times10^{-3}}{1+D_b/D_c}r_g^{0.65}h_c^{-2}P_s^{0.94} \tag{6.5.3-1}$$

$$D_b = \frac{E_b h_b^3}{12(1-\nu_b^2)} \tag{6.5.3-2}$$

$$r_g = 1.21[(D_c + D_b)/E_t]^{1/3} \tag{6.5.3-3}$$

式中：D_b——下层板的截面弯曲刚度（MN·m）；

D_c——上层板的截面弯曲刚度（MN·m）；

r_g——双层混凝土板的总相对刚度半径（m）；

E_b——下层板的弯拉弹性模量（MPa）；

h_b——下层板的厚度（m）；

h_c——上层板的厚度（m）；

ν_b——下层板的泊松比。

2 贫混凝土或碾压混凝土基层板或者下面层板的荷载疲劳应力，应按式（6.5.3-4）计算。其中，疲劳应力系数 k_f 和综合系数 k_c 的确定方法与单层板的确定方法相同；设计轴载 P_s 在下层板临界荷位处产生的荷载应力 σ_{bps} 应按下式计算：

$$\sigma_{bpr} = k_f k_c \sigma_{bps} \tag{6.5.3-4}$$

$$\sigma_{bps} = \frac{1.41 \times 10^{-3}}{1 + D_c/D_b} r_g^{0.68} h_b^{-2} P_s^{0.94} \tag{6.5.3-5}$$

式中：σ_{bpr}——下层板的荷载疲劳应力（MPa）；

σ_{bps}——设计轴载 P_s 在下层板临界荷位处产生的荷载应力（MPa）。

3 最重轴载在上层板临界荷位处产生的最大荷载应力应按公式（6.5.1-14）计算。其中，应力折减系数 k_r 和综合系数 k_c 应按本标准 6.5.1 条第 2 款确定；最重轴载在四边自由板临界荷位处产生的最大荷载应力应按式（6.5.3-1）计算，式中的设计轴载改为最重轴载。

6.5.4 双层混凝土板温度应力分析应符合下列规定：

1 上层的温度疲劳应力 σ_{tr}、最大温度翘曲应力 $\sigma_{t,max}$、综合温度翘曲应力和内应力作用的温度应力系数 B_x 的计算与单层板的相同，应分别按式(6.5.2-1)、式(6.5.2-2)、式(6.5.2-3)计算，式(6.5.2-3)中的温度翘曲应力系数 C_x 计算应按 6.5.4 条第 2 款确定。下层板的温度疲劳应力不需要计算分析。

2 上层板的温度翘曲应力按下式计算：

$$C_x = 1 - \left(\frac{1}{1+\xi}\right)\frac{\sinh t \cos t + \cosh t \sin t}{\cos t \sin t + \sinh t \cosh t} \tag{6.5.4-1}$$

$$t = L/3r_g \tag{6.5.4-2}$$

$$\xi = -\frac{(k_n r_g^4 - D_c)r_\beta^3}{(k_n r_\beta^4 - D_c)r_g^3} \tag{6.5.4-3}$$

$$r_\beta = \left[\frac{D_c D_b}{(D_c + D_b)k_n}\right]^{\frac{1}{4}} \tag{6.5.4-4}$$

$$k_n = \frac{1}{2}\left(\frac{h_c}{E_c} + \frac{h_b}{E_b}\right)^{-1} \tag{6.5.4-5}$$

式中：ξ——与双层板结构有关的参数；

r_β——层间接触状况参数；

k_n——面层与基层之间竖向接触刚度，上下层之间不设沥青混凝土夹层或隔离层时按式(6.5.4-5)计算确定，设沥青混凝土夹层或隔离层时，k_n 取 3 000 MPa/m。

6.5.5 复合板应力分析应符合下列规定：

1 面层复合板的荷载疲劳应力和最大荷载应力计算，与单层板或上层板完全相同，只需用面层复合板的截面弯曲刚度 $\bar{D}_c$ 和等效厚度 $\bar{h}_c$ 替代单层板或上层板的弯曲刚度 D_c 和厚度 h_c 即可，板相对刚度半径 r 或 r_g 应依据面层复合板弯曲刚度 $\bar{D}_c$ 重新计算。面层复合板弯曲刚度 $\bar{D}_c$ 应按式(6.5.5-1)计算，等效厚度 $\bar{h}_c$ 应按下式计算：

$$D_c=\frac{E_{c1}h_{c1}^3+E_{c2}h_{c2}^3}{12(1-v_{c2}^2)}+\frac{(h_{c1}+h_{c2})^2}{4(1-v_{c2}^2)}\left(\frac{1}{E_{c1}h_{c1}}+\frac{1}{E_{c2}h_{c2}}\right)^{-1}\tag{6.5.5-1}$$

$$\bar{h}_c=2.42\sqrt[3]{\frac{\bar{D}_c}{E_{c2}d_x}}\tag{6.5.5-2}$$

$$d_x=\frac{1}{2}\left[h_{c2}+\frac{E_{c1}h_{c1}(h_{c1}+h_{c2})}{E_{c1}h_{c1}+E_{c2}h_{c2}}\right]\tag{6.5.5-3}$$

式中：E_{c1}——面层复合板上层的弯拉弹性模量(MPa)；

h_{c1}——面层复合板上层的厚度(m)；

E_{c2}——面层复合板下层的弯拉弹性模量(MPa)；

v_{c2}——面层复合板下层的泊松比；

h_{c2}——面层复合板下层的厚度(m)；

d_x——面层复合板中性轴至下层底部的距离(m)。

2 面层复合板的疲劳温度应力计算和疲劳温度应力系数与单层板相同。最大温度应力 $\sigma_{t,max}$ 应按下式计算确定：

$$\sigma_{t,max}=\frac{\alpha_c E_{c2}(h_{c1}+h_{c2})T_g}{2}\xi_2 B_x\tag{6.5.5-4}$$

$$\xi_2=1.77-0.27\ln\left(\frac{h_{01}E_{c1}}{h_{02}E_{c2}}+18\frac{E_{c1}}{E_{c2}}-2\frac{h_{c1}}{h_{c2}}\right)\tag{6.5.5-5}$$

式中：B_x——面层复合板的温度应力系数，按式(6.5.2-3)计算，其中，面层板厚度 h_c 取面层复合板的总厚度 $(h_{c1}+h_{c2})$，式(6.5.2-3)中温度翘曲应力系数 C_x，单层板时按式(6.5.2-4)计算，双层板时按本标准第 6.5.4 条确定；

ξ_2——面层复合板的最大温度应力修正系数。

3 基层复合板的弯曲刚度应按下式计算。以此弯曲刚度替代本标准第 6.5.3 条和第 6.5.4 条中的弯曲刚度，计算双层板的荷载应力和温度应力。

$$D_{b0}=D_{b1}+D_{b2} \tag{6.5.5-6}$$

$$\sigma_{bpr}=\frac{\bar{\sigma}_{bpr}}{1+D_{b2}/D_{b1}} \tag{6.5.5-7}$$

式中：D_{b0}——基层复合板的弯曲刚度(MN·m)；

D_{b1}——上基层的弯曲刚度(MN·m)，按式(6.5.3-2)计算确定；

D_{b2}——下基层的弯曲刚度(MN·m)，按式(6.5.3-2)计算确定；

$\bar{\sigma}_{bpr}$——基层复合板的名义荷载应力(MPa)，按式(6.5.3-5)计算确定；其中，以基层厚度 h_{b1} 替代式中基层厚度 h_b，以复合板弯曲刚度 D_{b0} 替代式中基层板弯曲刚度 D_b。

4 基层为贫混凝土或碾压混凝土时，复合板中基层的荷载疲劳应力 σ_{bpr} 应按式(6.5.5-7)计算确定，其他类型基层不需进行荷载疲劳应力计算。

6.5.6 水泥混凝土板厚度计算应符合下列规定：

1 依据所设计的道路等级，确定路面结构的设计工作年限、目标可靠度和变异水平等级。

2 调查采集交通资料，包括初始年日交通量、日货车交通量、方向和车道分配系数、各类车辆的轴载谱、设计工作年限内交通量年平均增长率等。

3 计算设计车道的初始年日交通量以及各车型或者轴型的各级轴载作用次数；将各级轴载作用次数换算为标准轴载的作用次数，并计算设计车道的初始年日标准轴载作用次数；依据道路等级和车道宽度，选定车辆轮迹横向分布系数；计算设计工作年限内设计车道上的标准轴载累计作用次数，确定设计车道的交通等级。

4 依据施工技术、管理和质量控制的预期水平，选定路面材料性能和结构尺寸的变异水平等级，并依据所要求的目标可靠度，确定可靠度系数。

5 根据道路等级和交通等级，并按设计道路所在地的路基土质、温度和湿度状况、路面材料供应条件和材料性质以及当地已有路面使用经验，进行结构层组合设计，初选各结构层的材料类型和厚度。

6 根据交通等级，选取水泥混凝土的最低抗弯拉强度标准值，确定混合料试配弯拉强度的均值，进行混凝土混合料组成设计；通过试验或参照经验数值确定相应的混凝土弹性模量。

7 按所选基层和垫层材料类型，进行混合料配合比设计，通过试验或参照经验数值确定各类混合料的回弹模量标准值。

8 对于新建道路，依据土组类型和道路所在地的自然区划参照经验值确定路床顶面的回弹模量标准值。将路床顶面以上和基层顶面以下的各结构层转化成单层后，计算确定基层顶面的当量回弹模量值。

9 计算标准轴载产生的荷载应力，按照道路等级选定综合系数，按纵缝类型和基层情况选取应力折减系数，按设计工作年限内标准轴载累计所用次数计算荷载疲劳应力系数，确定荷载疲劳应力值。

10 按道路最大温度梯度，确定温度应力系数，计算最大温度应力与温度疲劳应力系数，确定温度疲劳应力值。

11 当荷载疲劳应力同温度疲劳应力之和与可靠度系数的乘积小于且接近于混凝土弯拉强度标准值，即满足本标准第 6.2.1 条的要求时，则初选厚度可作为混凝土板的计算厚度。否则设计厚度依计算厚度按 10 mm 向上取整。

12 验算最重轴载和最大温度梯度综合作用下的极限断裂标准。

7 其他路面

7.1 砌块路面

7.1.1 砌块路面应稳固、无翘动、缝线直顺、灌缝饱满，表面应平整、防滑、无反坡积水现象。砌块路面应按车行道和人行道的不同使用要求进行设计，并应符合下列规定：

1 人行道荷载应按人群荷载 5 kPa 或 1.5 kN 的竖向集中力作用在一块砌块上，分别计算，取其不利者。

2 车行道荷载应以标准轴载 BZZ-100 控制。

3 机动车停车场可分别按停车泊位区和行车道进行设计，宜采用透水路面。

4 自行车停车场可按人群荷载进行设计，宜采用透水路面。

7.1.2 砌块路面材料技术要求应符合下列规定：

1 砌块路面根据材料类型可分为混凝土预制砌块路面和天然石材路面，混凝土预制砌块可分为普通型与联锁型混凝土砌块。砌块材料的尺寸与外观应符合下列规定：

1）天然石材的尺寸允许偏差应符合表 7.1.2-1 的规定。

表 7.1.2-1 天然石材尺寸允许偏差

项目	允许偏差（mm）	
	粗面材	细面材
长、宽	0 −2	0 −1.5
厚（高）	+1 −3	±1
对角线	±2	±2
平面度	±1	±0.7

2）天然石材的外观质量应符合表 7.1.2-2 的规定。

表 7.1.2-2　天然石材外观质量

项目	单位	允许值	备注
缺棱	个	1	面积不超过 5 mm×10 mm，每块板材
缺角	个		面积不超过 2 mm×2 mm，每块板材
色斑	个		面积不超过 15 mm×15 mm，每块板材
裂纹	个	1	长度不超过两端顺延至板边总长度的 1/10（长度小于 20 mm 不计）每块板
坑窝	—	不明显	粗面板材的正面出现坑窝

3）混凝土预制砌块尺寸与外观质量允许偏差应符合表 7.1.2-3 的规定。

表 7.1.2-3　混凝土预制砌块尺寸与外观质量允许偏差

项目		允许偏差（mm）
长度、宽度		±2
厚度		±3
厚度差		≤3
平整度		≤2
垂直度		≤2
正面粘皮及缺损的最大投影尺寸		≤5
缺棱掉角的最大投影尺寸		≤10
裂纹	非贯穿裂纹最大投影尺寸	≤10
	贯穿裂纹	不允许
分层		不允许
色差、杂色		不明显

2　砌块材料的力学性能应符合下列规定：

1）石材砌块的饱和极限抗压强度应不小于 120 MPa，饱和抗折强度应不小于 9 MPa。否则，应根据使用材料力学性质进行结构验算。

2）普通型混凝土砌块的强度应符合表 7.1.2-4 的规定。当砌块边长与厚度比小于 5 时以抗压强度控制，边长与厚度比大于等于 5 时以抗折强度控制。

表 7.1.2-4　普通型混凝土砌块的强度

道路类型	抗压强度（MPa）		抗折强度（MPa）	
	平均最小值	单块最小值	平均最小值	单块最小值
支路、广场、停车场	40	35	4.5	3.7
人行道、步行街	30	25	4.0	3.2

3）联锁型混凝土砌块的强度应符合表 7.1.2-5 的规定。

表 7.1.2-5　联锁型混凝土砌块的强度

道路类型	抗压强度（MPa）	
	平均最小值	单块最小值
支路、广场、停车场	50	42
人行道、步行街	40	35

3　砌块材料的物理性能应符合下列规定：

1）石材砌块材料的物理性能应符合表 7.1.2-6 的规定。

表 7.1.2-6　石材砌块材料的物理性能要求

项目	单位	物理性能要求
体积密度	g/cm^3	≥2.5
吸水率	%	<1
抗冻性	—	冻融循环 50 次，无明显损伤（裂纹、脱皮）
磨耗率（狄法尔法）	%	<4
坚固性（硫酸钠侵蚀）	%	质量损失≤15
硬度（莫氏）	—	≥7.0
孔隙率	%	<3

2）混凝土砌块材料物理性能应符合表 7.1.2-7 的规定。

表 7.1.2-7 混凝土砌块材料物理性能要求

项目	单位	物理性能要求
吸水率	%	≤8
磨坑长度	mm	≤35
抗冻性	—	经 25 次冻融试验的外观质量符合表 7.1.2-3 的规定；强度损失不得大于 20%

7.1.3 砌块路面结构组合应符合下列规定：

1 砌块路面结构应包括面层、基层和垫层。

2 砌块路面面层应包括砌块、填缝材料和整平层材料。

3 采用砌块铺装车行道、广场、停车场时宜采用联锁型混凝土砌块，联锁型混凝土砌块可包括四面嵌锁和两面嵌锁的长条形状，最小宽度不应小于 80 mm，最大宽度不应大于 120 mm，长宽比宜为 1.5～2.3。联锁型混凝土砌块最小厚度宜符合表 7.1.3-1 的规定。

表 7.1.3-1 联锁型混凝土砌块最小厚度

道路类型	最小厚度（mm）
大型停车场	100
支路、广场、停车场	80
人行道、步行街	60

4 人行道和步行街宜采用普通型混凝土砌块，普通型混凝土砌块的最小厚度宜符合表 7.1.3-2 的规定。

表 7.1.3-2 普通型混凝土砌块最小厚度

道路类型	砌块常用尺寸（宽×长）（mm）			
	300×300	250×250	200×300	100×200
支路、广场、停车场	120	100	100	80
人行道、步行街	60	50	60	50

5 石材砌块的适用性及最小厚度宜符合表 7.1.3-3 的规定。

表 7.1.3-3 石材砌块适用性及最小厚度

道路类型	砌块常用尺寸(宽×长)(mm)					
	100×100	300×300	400×400 300×500	500×500 400×600	600×600 400×800	500×1 000 600×800
支路、广场、停车场	80	100	100	140	140	140
人行道、步行街	50	60	60	80	—	—

6 砌块面层与基层之间应设置整平层,整平层可采用粗砂,厚度宜为 30 mm~50 mm。

7 砌块路面面层接缝应符合下列规定:

1) 普通型混凝土砌块接缝缝宽应不大于 5 mm,采用水泥砂灌实。

2) 联锁型混凝土砌块接缝缝宽应不大于 5 mm,用粗砂灌实。

3) 石材砌块路面接缝缝宽应不大于 5 mm,应采用水泥砂灌实。有特殊防水要求时,缝下部采用水泥砂灌实,上部采用防水材料灌缝。当缝宽小于 2 mm 时,可不进行灌缝。

4) 砌块路面面层勾缝时,应设置胀缝,胀缝间距宜为 20 m~50 m,接缝填料同水泥混凝土路面。

7.1.4 砌块路面结构厚度计算宜符合下列规定:

1 砌块路面的结构计算可采用等效厚度法,根据基层材料的不同按照沥青路面或水泥混凝土路面设计方法进行修正后计算。

2 对于半刚性基层和柔性基层的砌块路面,采用沥青路面设计方法,以设计弯沉值为路面整体强度的设计指标,并核算基层的弯拉应力。对于反复荷载应考虑疲劳应力,对于静止荷载应考虑容许应力。在确定沥青混凝土层厚度后，考虑换算系数按下式进行计算：

$$h_s = h_1 \times a \tag{7.1.4-1}$$

式中：h_s ——砌块路面块体厚度（mm）；

h_1 ——沥青混凝土面层厚度（mm）；

a ——换算系数，可取 0.7～0.9，道路等级较高、交通量较大、砌块面积尺寸较大时取高值，砌块抗压强度较高、砌块面积尺寸较小时取低值。

3 对于刚性（水泥混凝土）基层的砌块路面，采用水泥混凝土路面设计方法，在确定水泥混凝土板厚度后，考虑换算系数按下式进行计算：

$$h_s = h_h \times b \tag{7.1.4-2}$$

式中：h_s ——砌块路面块体厚度（mm）；

h_h ——水泥混凝土板厚度（mm）；

b ——换算系数可取 0.50～0.65，采用砌块面积尺寸较小时取低值，采用砌块面积尺寸较大时取高值。

7.1.5 在人行道、非机动车道、景观硬地、停车场、广场等路面设计中，可采用透水砖路面，结构可选择表 7.1.5-1 和表 7.1.5-2 中的典型结构。

表 7.1.5-1 透水砖路面典型结构（人群荷载）

<table>
<tr><td>结构组合</td><td>典型结构 1</td><td>典型结构 2</td><td>典型结构 3</td></tr>
<tr><td>面层</td><td>6 cm～8 cm 透水砖</td><td>6 cm～8 cm 透水砖</td><td>6 cm～8 cm 透水砖</td></tr>
<tr><td>找平层</td><td colspan="3">2 cm～3 cm 碎石、中粗砂、透水性水泥砂浆</td></tr>
<tr><td>基层</td><td rowspan="2">20 cm～30 cm 级配碎石</td><td>15 cm 骨架空隙型水泥稳定碎石</td><td>8 cm～10 cm 透水水泥混凝土</td></tr>
<tr><td>垫层</td><td colspan="2">10 cm～20 cm 级配碎石、级配砾石</td></tr>
</table>

表 7.1.5-2 透水砖路面典型结构(轻型荷载)

结构组合	典型结构 1	典型结构 2
面层	8 cm 透水砖	8 cm 透水砖
找平层	2 cm～3 cm 碎石、中粗砂、透水性水泥砂浆	
基层	15 cm～18 cm 骨架型水泥稳定碎石	12 cm～15 cm 透水水泥混凝土
垫层	10 cm～20 cm 级配碎石、级配砾石	

7.2 桥面铺装

7.2.1 水泥混凝土桥面铺装应符合下列规定:

1 水泥混凝土桥面采用沥青面层时,桥面板(梁)应符合下列规定:

1) 混凝土桥面板应平整、粗糙、干燥整洁,不得有浮浆、尘土、水迹、杂物或油污等。对城市快速路、城市主干路的桥面宜进行精铣刨或者喷砂打毛处理。特大桥、重要大桥桥面宜进行精铣刨处理。处理后的桥面板的构造深度宜为 0.4 mm～0.8 mm。

2) 当混凝土桥面板需设置调平层时,混凝土调平层厚度不宜小于 80 mm,且应按要求设置钢筋网;钢纤维混凝土调平层厚度不宜小于 60 mm;调平层混凝土强度等级应与梁体一致,并应与桥面板结合紧密。当调平层厚度较薄时,可用沥青混合料或通过加厚下面层进行调平。

2 桥面沥青铺装结构,可由防水层、粘结层、下面层和表面层组成。

3 热沥青防水层宜采用橡胶沥青或 SBS 改性沥青,沥青膜厚度宜为 1.5 mm～2.0 mm,宜撒布覆盖率为 60%～70%的单粒径碎石。

4 高速公路、一级公路、城市快速路、主干路的桥面沥青铺装厚度宜为 80 mm～100 mm，宜采用两层或两层以上的结构，沥青混合料铺装上层厚度不宜小于 30 mm，其他等级道路桥面铺装厚度宜为 70 mm～90 mm。若桥面铺装为单层时，厚度不宜小于 50 mm。铺装材料应具有良好的高温稳定性和抗滑性能，可按表 7.2.1 选用。

表 7.2.1　水泥混凝土桥面沥青铺装材料

结构层次	高速公路、一级公路、城市快速路、主干路	其他等级道路
铺装上层（表面层）	SMA-10、SMA-13 AC-10、AC-13 OGFC-10、OGFC-13	AC-10、AC-13 OGFC-10、OGFC-13
铺装下层（承重层）	AC-16、AC-20、SMA-10 SMA-13、SMA-16、GA-10	AC-13、AC-16 AC-20

5　桥面铺装设计工作年限应符合表 3.1.2 的相关规定。对特大桥、重要大桥等的桥面铺装应进行专门设计。

6　中小桥桥面沥青铺装厚度宜与道路路面的铺装层厚度相适应或相同。

7　桥面铺装边缘带可在沥青混合料铺装下层设置纵向盲沟，宽度宜为 100 mm～200 mm，可采用开级配沥青混合料或单粒径碎石填充，也可设置排水导管。盲沟、排水导管应与桥梁泄水孔相连。

7.2.2　钢桥面铺装应符合下列规定：

1　钢桥面铺装的设计应符合现行行业标准《公路钢桥面铺装设计与施工技术规范》JTG/T 3364—02 或《城镇桥梁沥青混凝土桥面铺装施工技术标准》CJJ/T 279 中的相关规定，铺装设计应综合考虑桥梁结构特点、交通荷载、环境气候、施工条件、恒载限制等因素。

2　钢桥面铺装设计工作年限不宜小于 15 年。

3　钢桥面铺装结构设计应包括铺装结构层设计和界面功能

层设计，界面功能层应与铺装结构层相匹配；磨耗层应平整密实，具有抗滑耐磨、抗裂耐久、抗高温变形等性能；保护层应具有抗渗水、随从变形、抗高温变形等性能，并应与防水粘结层粘结良好；磨耗层与保护层之间宜设置粘层。

4 钢桥面应进行抛丸处理，除锈等级不应低于 Sa2.5 级，钢桥面铺装的防水层必须紧跟防腐层后涂刷，防水层宜采用高粘度改性沥青、环氧沥青、专用防水涂料等，如防水粘结层具有防腐功能时可不设置防腐层，在防水粘结层与改性沥青 SMA 保护层之间，有隔热、缓冲荷载、提供施工平台等要求时应设置缓冲层。

5 钢桥面铺装用改性沥青，宜单独提出相应的技术要求。沥青面层可采用聚合物或天然沥青改性沥青混凝土、环氧沥青混凝土、浇注式沥青混凝土等作合理的组合。

6 钢桥面铺装结构可按照表 7.2.2 选用，双层环氧沥青混凝土铺装结构厚度宜为 50 mm～60 mm，其他铺装结构厚度宜为 70 mm～100 mm。

表 7.2.2 钢桥面铺装推荐结构

结构层次	推荐结构	
铺装上层（表面层）	改性沥青 SMA	环氧沥青混凝土 EA
铺装下层（承重层）	改性沥青 SMA、浇注式沥青混凝土 GA、环氧沥青混凝土 EA	浇注式沥青混凝土 GA、环氧沥青混凝土 EA

7.3 隧道路面铺装

7.3.1 隧道路面结构设计应根据交通量、设计速度、平纵线形指标、环境条件、材料供应情况、全寿命周期费用分析等因素，进行技术经济性比选后确定。

7.3.2 高速公路、一级公路、快速路和主干路隧道应采用沥青混合料与混凝土组成的复合式路面，其他等级公路、次干路和支路可采用复合式路面或水泥混凝土路面，设计工作年限应符合表3.1.2的相关规定。

7.3.3 隧道路面采用复合式路面时，沥青面层应具有与水泥混凝土面板粘结牢固、防水渗入、抗滑耐磨、抗开裂、抗车辙、抗剥离的良好性能；长大隧道内宜采用阻燃性良好、降噪的温拌沥青路面。沥青面层宜为两层结构，厚度宜为80 mm～100 mm，沥青面层下应设置粘结层。

7.3.4 隧道路面用阻燃剂、阻燃沥青及阻燃沥青混合料的性能要求应符合表7.3.4的规定。

表7.3.4 阻燃剂、阻燃沥青及沥青混合料的技术要求

<table>
<tr><th>类别</th><th>指标</th><th>单位</th><th>技术要求</th><th>试验方法</th></tr>
<tr><td>阻燃剂</td><td>外观</td><td>—</td><td>均匀无结块</td><td>—</td></tr>
<tr><td rowspan="2">加入阻燃剂的沥青</td><td>氧指数</td><td>%</td><td>≥25</td><td>GB/T 8627</td></tr>
<tr><td>烟密度</td><td>%</td><td>≤75</td><td>NB/SH/T 0815</td></tr>
<tr><td rowspan="3">加入阻燃剂的沥青</td><td>针入度(25 ℃，100 g，5 s)(比原沥青减小值)</td><td>0.1 mm</td><td>≤15</td><td>T 0604</td></tr>
<tr><td>软化点</td><td>℃</td><td>不小于原沥青</td><td>T 0606</td></tr>
<tr><td>闪点(比原沥青增加值)</td><td>℃</td><td>≥15</td><td>T 0611</td></tr>
<tr><td rowspan="3">加入阻燃剂的沥青混合料</td><td>浸水残留稳定度</td><td>%</td><td rowspan="3">不小于原沥青混合料</td><td>T 0709</td></tr>
<tr><td>冻融劈裂抗拉强度比</td><td>%</td><td>T 0729</td></tr>
<tr><td>动稳定度</td><td>次/mm</td><td>T 0719</td></tr>
<tr><td colspan="4">添加阻燃剂的沥青及沥青混合料的其他指标应符合同类型沥青及同级配热拌沥青混合料的相关要求。</td><td>—</td></tr>
</table>

7.3.5 隧道采用水泥混凝土路面面层时，二、三、四级公路和次干路、支路宜采用设接缝的水泥混凝土面层，二级公路和次干路面

层厚度宜为 220 mm ～240 mm，混凝土强度等级不宜小于 C40，抗折强度宜为 4.5 MPa～5.0 MPa；三、四级公路和支路面层厚度宜为 200 mm ～220 mm，三、四级公路和支路混凝土强度等级宜为 C35～C40，抗折强度宜为 4.0 MPa～4.5 MPa。

8 旧路改建

8.1 一般规定

8.1.1 改建设计应评估旧路路面状况，分析病害原因，提出有针对性的改建措施，经过技术经济分析后，确定改建设计方案，同时应因地制宜、合理选材、降低能耗，充分考虑利用既有路面材料。

8.1.2 改建设计方案应便于快速施工，利于养护，并减少对周边环境及生态的影响。

8.2 旧路状况评价

8.2.1 旧路调查与分析应符合下列规定：

1 收集旧路路面及其排水设施的设计、施工及历史养护维修情况等技术资料。

2 调查分析交通量、轴载组成和增长率等交通荷载参数。

3 调查路面破损状况，包括路面病害类型、严重程度、范围和数量等。

4 采用弯沉仪检测评价既有路面结构承载能力。

5 采用钻芯、探坑取样、路面雷达等方式，调查分析旧路路面厚度、层间结合及病害程度情况，并取样进行室内试验，测定试件模量、强度等，分析路面材料组成与退化情况。

6 对因路基问题导致路面损坏的路段，取样调查路基土质类型、含水率和 CBR 值等，分析路基稳定性和承载力等。

7　调查沿线气候条件、地下水位和路基路面排水状况。

8　调查沿线跨线桥、隧道净空要求和其他影响路面改建设计的因素。

8.2.2　旧路损坏状况的评定应符合现行行业标准《公路技术状况评定标准》JTG 5210、《公路养护技术规范》JTGH 10、《公路沥青路面养护设计规范》(JTG 5421)或《城镇道路养护技术规范》CJJ 36、现行上海市工程建设规范《城市道路养护技术规程》DG/TJ 08—92 的相关规定。

8.2.3　应根据旧路调查结果综合分析病害原因,判断路面病害层位、破坏程度、发展趋势及旧路的可利用程度。

8.3　改建沥青路面设计

8.3.1　旧沥青路面处理应符合下列规定:

1　沥青路面整体强度基本符合要求,路面结构强度为"优"或"良",车辙深度小于 10 mm,轻度裂缝而平整度和抗滑性能差时,可直接加铺罩面,恢复表面使用功能。

2　路面结构强度评价为"中"时,对中度、重度裂缝段宜视具体情况铣刨路面,否则,应进行灌缝、修补坑槽等处理,必要时采取防裂措施后再加铺沥青层。对沥青层网裂、龟裂或沥青老化的路段应进行铣刨并清除干净,并设粘层后,再加铺沥青层。旧路路面存在较多裂缝时,应采取减缓反射裂缝的措施。

3　对整体强度不足或破损严重的路段,路面结构强度为"次"或"差"时,根据路面破损程度确定挖除深度、范围以及加铺补强层的结构和厚度。

4　改建沥青路面设计方案应考虑旧路废弃材料的再生利用。

5　旧路路面出现排水不良引起的水损坏时,应改善或增加路面防排水系统。加铺层与旧路路面间应采取设置黏层或封层等层间结合措施。

8.3.2 加铺面层应符合以下规定：

1 可用沥青混凝土罩面、表面处治等措施改善和提高沥青表面层的服务功能。普通单层沥青混凝土罩面厚度宜为 30 mm～50 mm;超薄层罩面厚度宜为 10 mm～25 mm。

2 超薄磨耗层结合料宜采用高性能改性沥青。

8.3.3 加铺补强层结构设计应符合下列规定：

1 当强度不足时应进行补强设计,设计方法与新建路面相同。

2 加铺补强层的结构设计,应根据旧路综合评价、道路等级和交通量,考虑与周围环境相协调,结合纵、横断面调坡设计等因素,选用直接加铺或开挖旧路至某一结构层位,采取加铺一层或多层沥青补强层,或加铺半刚性基层、贫混凝土基层等结构层设计方案。

3 旧路路面破损不严重且结构性能较好,采用直接加铺方案或铣刨至某一结构层再加铺方案时,应同时对旧路路面结构层和加铺层进行结构验算。加铺层的设计参数应按新建路面结构确定。旧路路面结构层的设计参数应按下列要求确定：

1) 旧路路面可简化为由沥青结合料类材料层、无机结合料稳定层或粒料层和路基组成的三层体系,可利用弯沉盆反演或芯样实测的方法确定各层结构模量。

2) 旧路路面无机结合料稳定层弯拉强度,宜根据现场取芯实测的无侧限抗压强度按式(8.3.3)计算;无条件时,可根据旧路路面整体强度、基层和面层损坏状况,结合经验确定。

$$R_a = 0.21 R_c \tag{8.3.3}$$

式中：R_a——无机结合料稳定类材料试件的弯拉强度(MPa)；

R_c——无机结合料稳定类材料试件的无侧限抗压强度(MPa)。

4 旧路路面破损严重或结构性能不足时，可采取直接加铺方案或铣刨至某一结构层再加铺方案，并应对加铺层进行结构验算。

8.3.4 公路沥青路面改建设计应符合现行行业标准《公路沥青路面设计规范》JTG D50 的相关规定。城市道路路面改建设计步骤应符合以下规定：

1 计算原有路面的当量回弹模量。

2 拟定几种可行的结构组合及设计层，并确定各补强层的材料参数。

3 根据加铺层的类型确定设计指标，当以路表回弹弯沉值为设计指标时弯沉值综合修正系数按下式计算：

$$F=1.45\left(\frac{l_s}{2\ 000\delta}\right)^{0.61}\left(\frac{E_t}{p}\right)^{0.61} \tag{8.3.4}$$

4 采用弹性层状体系理论设计程序计算设计层的厚度或进行结构验算。

5 根据各方案的计算结果，进行技术经济比较，确定补强设计方案。

8.4 水泥混凝土路面加铺沥青面层设计

8.4.1 根据破损调查和承载能力测试资料，加铺前，旧水泥混凝土路面处治后技术指标应符合表 8.4.1 的规定。若路面结构承载能力不满足现有交通要求，应采取补强层措施。

表 8.4.1　不同路面破损条件下旧水泥混凝土路面处理方法

原路面状况	评价等级	弯沉代表值(0.01 mm)	修补方法
路面破损状况	优和良	20～45	局部处理:更换破碎板、修补开裂板块、脱空板灌浆,使处治后的路段代表弯沉值低于 20(0.01 mm),然后加铺沥青层
	中及中以下	＞45	采取碎石化技术将混凝土板打碎,压实,然后加铺补强层;或翻挖重建
路面行驶质量	中及中以下	＜20	采取防止反射裂缝措施,加铺沥青面层
路面抗滑能力	中及中以下	＜20	采取防止反射裂缝措施,加铺沥青面层
接(裂)缝传荷能力	中及中以下	弯沉差≥6	压浆填封,或增加传力杆,或采取破碎工艺消除垂直、水平方向变形,然后加铺沥青层

8.4.2　沥青加铺层宜设两层沥青面层,视具体情况可增加调平层或补强层等。在稳定的旧水泥混凝土板上加铺沥青面层时,高速公路、一级公路、城市快速路与主干路,加铺层厚度不宜小于 100 mm;其他等级道路,加铺层厚度不宜小于 70 mm。在条件允许的情况下,经过充分论证可考虑使用超薄磨耗层罩面。

8.4.3　防止反射裂缝措施应符合下列规定:

1　增加沥青加铺层的厚度。

2　提高加铺层沥青混合料抗变形能力。

3　设置裂缝缓解层,在沥青加铺层和旧水泥混凝土面层之间设置开级配沥青稳定碎石层。

4　采用碎石化技术,针对旧水泥混凝土面层破坏较严重,断板率较高,采取其他修复措施不经济时,可以对面层板进行碎石化,测定破碎板顶面当量回弹模量,按照本标准第 8.3.4 条设计补强层与沥青层。

5　铺设应力吸收层,可采用橡胶沥青应力吸收层或改性沥青碎石封层等。

6 铺设土工合成材料，其技术要求应符合现行行业标准《公路土工合成材料应用技术规范》JTG/T D32 的相关规定。

8.5 改建水泥混凝土路面设计

8.5.1 分离式混凝土加铺结构设计宜符合下列规定：

1 当旧混凝土路面的损坏状况和接缝传荷能力评定等级为中或次，或者新旧混凝土板的平面尺寸不同、接缝形式或位置不对应或路拱横坡不一致时，应采用分离式混凝土加铺层。加铺层铺筑前应更换破碎板，修补裂缝，磨平错台，压浆填封板底脱空，清除夹缝中失效的填缝料和杂物，并重新封缝。

2 在旧混凝土面层与加铺层之间应设置隔离层。隔离层材料可选用沥青混合料、沥青砂或油毡等，不宜选用砂砾或碎石等松散粒料。沥青混合料隔离层的厚度不宜小于 25 mm。

3 分离式混凝土加铺层的接缝形式和位置，应按新建混凝土面层的要求布置。

4 加铺层可采用普通混凝土、钢纤维混凝土、钢筋混凝土和连续配筋混凝土。普通混凝土、钢筋混凝土和连续配筋混凝土加铺层的厚度不宜小于 180 mm，钢纤维混凝土加铺层的厚度不宜小于 140 mm。

5 加铺层和旧混凝土面层应力分析，按分离式双层板进行，计算应符合本标准第 6.5 节的相关规定。旧混凝土板的厚度、混凝土的弯拉强度和弹性模量标准值以及基层顶面当量回弹模量标准值，宜采用旧混凝土路面的实测值。加铺层混凝土的弯拉强度标准值应符合表 6.2.3 的规定。加铺层的厚度设计应符合本标准第 6.2.1 条的规定。

8.5.2 结合式混凝土加铺结构设计宜符合下列规定：

1 当旧混凝土路面的损坏状况和接缝传荷能力评定等级为优或良，面层板的平面尺寸及接缝布置合理，路拱横坡符合要求时，可采用结合式混凝土加铺层。加铺层铺筑前应更换破碎板，修补裂缝，磨平错台，压浆填封板底脱空，清除接缝中失效的填缝料和杂物，并重新封缝。

2 应采用铣刨、喷射高压水或钢珠、酸蚀等方法，打毛清理旧混凝土面层表面，并在清理后的表面涂敷粘结剂，使加铺层与旧混凝土面层结合成整体。

3 加铺层的接缝形式和位置应与旧混凝土面层的接缝完全对齐，加铺层内可不设拉杆或传力杆，加铺层厚度不宜小于 80 mm。

4 加铺层和旧混凝土板的应力分析，按结合式双层板进行，计算应符合本标准第 6.5 节的相关规定。旧混凝土板的厚度、混凝土的弯拉强度和弹性模量标准值以及基层顶面当量回弹模量标准值，采用旧混凝土路面的实测值。加铺层的厚度设计应符合本标准第 6.2.1 条的规定。

9 路面排水

9.1 一般规定

9.1.1 应根据道路所在区域和道路等级，结合路基、桥涵结构物进行排水设计，合理选择排水方案，布置排水设施，形成完整、畅通的排水体系。

9.1.2 路面排水设计可包括路表、分隔带和路面结构内部排水。

9.1.3 路面排水设计重现期应满足现行国家标准《室外排水设计规范》GB 50014 或现行行业标准《公路排水设计规范》JTG/T D33 的相关规定。

9.1.4 桥面、隧道排水设计应符合现行行业标准《城市桥梁设计规范》CJJ 11、《城市地下道路工程设计规范》CJJ 221 或《公路排水设计规范》JTG/T D33 的相关规定。

9.2 路表排水

9.2.1 路面应设置双向或单向横坡，坡度宜为 1.5%～2.0%。

9.2.2 路面排水可采用管道或边沟形式。路面排水应综合两侧建筑物散水或街坊排水，并应处理好与城市防洪的关系。

9.2.3 道路排水管道的设置应符合下列规定：

1 排水干管不得埋设在快速路范围内。

2 对地基松软和不均匀沉降地段，管道基础应采取加固措施。

3 隧道口应有防止路面雨水流入隧道的工程措施。隧道内宜设置渗漏水的排出设施。

9.2.4 雨水口的设置应符合下列规定：

1 道路汇水点、人行横道上游、沿街单位出入口上游、街坊或庭院的出入口等处均应设置雨水口。道路低洼和易积水地段应根据需要适当增加雨水口。人行道与车行道之间设有连续绿化带时，人行道内侧宜增设雨水口。

2 雨水口型式分为平篦式、立篦式等，平篦式雨水口分为有缘石平篦式和地面平篦式。缘石平篦式雨水口用于有缘石的道路。地面平篦式可用于无缘石的路面、广场、地面低洼聚水处等。立篦式雨水口可用于有缘石的道路。

3 平篦式雨水口的篦面应低于附近路面 30 mm～50 mm；立篦式雨水口进水孔底面应低于附近路面 50 mm。

4 雨水口的间距宜为 25 m～40 m。

5 雨水口的泄水能力应计算确定。

9.2.5 锯齿形偏沟设计应符合下列规定：

1 当道路边缘线纵坡度小于 0.3%时，可在道路两侧车行道边缘 0.3 m 宽度范围内设锯齿形偏沟。锯齿形偏沟的缘石外露高度，在雨水口处宜为 180 mm～200 mm，在分水点处宜为 100 mm～120 mm，雨水口处与分水点处的缘石高差宜控制在 60 mm～100 mm 范围内。

2 缘石顶面纵坡宜与道路中心线纵坡平行。锯齿型偏沟的沟底纵坡可通过边沟范围内的道路横坡变化调整。条件困难时，可调整缘石顶面纵坡度。

9.3 路面内部排水

9.3.1 当车行道路面结构设置排水基层或垫层时，应在排水基层或垫层外侧边缘下设置路面内部排水系统，并沿纵向间隔一定距离将水引入市政排水总管、渠等。

9.3.2 路面内部排水系统由透水性填料集水沟、纵向排水管、横向出水管和过滤织物组成。各个组成部分应符合下列规定：

1 纵向排水管管径应按设计流量由水力计算确定，宜在100 mm～150 mm 范围内选用。排水管的埋设深度，应保证不被车辆或施工机械压裂；新建路面时，排水管管底宜与基层底面齐平；改建路面时，管中心应低于基层顶面。排水管的纵向坡度宜与路线纵坡相同，并不得小于 0.25%。

2 横向出水管径间距和安设位置应由水力计算并考虑邻近地面高程和道路纵横断面情况确定。出水管的横向坡度不宜小于 5%。

3 集水沟底面的最小宽度，对新建路面，不应小于 300 mm；对改建路面，应保证排水管两侧不少于 50 mm 宽的透水填料，集水沟的纵坡宜与路线纵坡相同，并不得小于 0.25%。

9.3.3 排水基层应符合下列规定：

1 所用集料应选用洁净、坚硬而耐久的碎石，高速公路、一级公路、快速路和主干路压碎值不应大于 26%，其他等级道路压碎值不应大于 30%。最大粒径可为 19 mm 或 26.5 mm，并不得超过层厚的 1/3。4.75 mm 粒径以下细料的含量不应大于 10%。集料级配应满足渗透系数不得小于 300 m/d 的透水性要求。

2 排水基层的厚度应根据所需排放的水量和基层材料的渗透系数通过水力计算确定，宜为 100 mm～150 mm，排水基层的宽度应超出面层宽度 300 mm～900 mm。

9.3.4 纵向集水沟可设在面层边缘外侧，集水沟中的填料应与排水基层相同。集水沟的下部应设置带槽口或圆孔的纵向排水管，并应间隔适当距离设置不带槽孔的横向出水管。

9.3.5 排水基层的下卧层应选用不透水的密级配混合料。

9.3.6 排水垫层可直接设置在路基顶面，排水垫层可选用砂或砂砾石等集料组成开级配混合料，其级配应符合下列规定：

1 当垫层用集料在通过率为15%时，粒径不应小于路基土在通过率为15%时的粒径的5倍。

2 当垫层用集料在通过率为15%时，粒径不应大于路基土在通过率为85%时的粒径的5倍。

3 当垫层用集料在通过率为50%时，粒径不应大于路基土在通过率为50%时的粒径的25倍。

4 垫层集料的不均匀系数不应大于20。

9.4 分隔带排水

9.4.1 当分隔带内设置纵向排水渗沟时，应间隔40 m～80 m设置横向排水管，渗沟周围应包裹土工布等反滤织物。渗沟上的回填料与路面结构的交界处应铺设防水土工布。

9.4.2 当分隔带封闭后，可不设内部排水系统。

9.5 交叉范围路面排水

9.5.1 平面交叉口应按竖向设计布设雨水口，并应采取措施防止路段的雨水流入交叉口。

9.5.2 立体交叉范围的路面排水应符合下列规定：

1 当纵坡大于2%时的坡段，应在最低点集中收水，雨水口数量应按立体交叉范围内的设计流量计算确定。

2 下穿式立体交叉引路两端纵坡的起点处，应设倒坡，并在道路两侧采取截水措施。

9.6 桥面排水

9.6.1 桥面水应通过横坡和纵坡排入泄水口，并应汇集到竖向排水管排出。

9.6.2 桥面宜在铺装边缘设置边缘排水系统，铺装下层材料为普通沥青混合料时，排水管宜设置于桥面防水层上部，铺装下层材料为浇筑式沥青混合料时，排水管宜设置于铺装下层上部，排水管应与泄水口相接。

9.6.3 桥梁竖曲线的最低点，应布置桥面雨水口，沿纵桥向设水平连接管并入相邻桥墩落水管。

9.6.4 桥面雨水口宜布置在桥面伸缩缝的纵坡上游；桥梁总体布置时不宜在竖曲线最低点或附近位置设置桥梁伸缩缝，否则应在伸缩缝两侧同时布置桥面集水井。

9.6.5 桥梁排水宜采用外置式落水管，若采用梁体内置式落水管时，应考虑到一旦堵塞后改为外置式需要预留外置接口；钢结构梁不得采用内置式桥面落水管，桥面落水管如需穿越钢梁翼板内部，应采用不锈钢材质。

9.7 广场、停车场排水

9.7.1 广场、停车场的排水方式应根据铺装种类、场地面积和地形等因素确定。广场、停车场单向尺寸大于或等于 150 m，或地面纵坡度大于或等于 2%且单向尺寸大于或等于 100 m 时，宜采用划区分散排水方式。广场、停车场周围的地形较高时，应设截流设施。

9.7.2 广场、停车场宜采用雨水管道排水，并避免将汇水线布置在车辆停靠或人流集散的地点。雨水口应设在场内分隔带、交通岛与通道出入口汇水处。

9.7.3 停车场的修车、洗车污水应处理达到排放标准后排入污水管道，不得流入树池与绿地。

附录A　沥青混合料级配组成、沥青表面处治材料规格和用量

表 A.0.1　各种沥青混合料的矿料级配范围

级配类型		通过下列筛孔(mm)的质量百分率(%)												
		31.5	26.5	19	16	13.2	9.5	4.75	2.36	1.18	0.6	0.3	0.15	0.075
密级配沥青混凝土	AC-25	100	90～100	75～90	65～83	57～76	45～65	24～52	16～42	12～33	8～24	5～17	4～13	3～7
	AC-20	—	100	90～100	78～92	62～80	50～72	26～56	16～44	12～33	8～24	5～17	4～13	3～7
	AC-16	—	—	100	90～100	76～92	60～80	34～62	20～48	13～36	9～26	7～18	5～14	4～8
	AC-13	—	—	—	100	90～100	68～85	38～68	24～50	15～38	10～28	7～20	5～15	4～8
	AC-10	—	—	—	—	100	90～100	45～75	30～58	20～44	13～32	9～23	6～16	4～8
	AC-5	—	—	—	—	—	100	90～100	55～75	35～55	20～40	12～28	7～18	5～10
沥青玛蹄脂碎石	SMA-20	—	100	90～100	72～92	62～82	40～55	18～30	13～22	12～20	10～16	9～14	8～13	8～12
	SMA-16	—	—	100	90～100	65～85	45～65	20～32	15～24	14～22	12～18	10～15	9～14	8～12
	SMA-13	—	—	—	100	90～100	50～75	20～34	15～26	14～24	12～20	10～16	9～15	8～12
	SMA-10	—	—	—	—	100	90～100	28～60	20～32	14～26	12～22	10～18	9～16	8～13
开级配磨耗层	OGFC-16	—	—	100	90～100	70～90	45～70	12～30	10～22	6～18	4～15	3～12	3～8	2～6
	OGFC-13	—	—	—	100	90～100	60～80	12～30	10～22	6～18	4～15	3～12	3～8	2～6
	OGFC-10	—	—	—	—	100	90～100	50～70	10～22	6～18	4～15	3～12	3～8	2～6

表 A.0.2 橡胶沥青混合料矿料级配范围

级配类型		通过下列筛孔(mm)的质量百分率(%)											
		26.5	19	16	13.2	9.5	4.75	2.36	1.18	0.6	0.3	0.15	0.075
密级配沥青混凝土	AR-AC20	100	90～100	75～88	62～76	45～59	24～35	17～27	14～21	9～17	6～13	4～10	3～8
	AR-AC16	—	100	95～100	75～85	54～62	24～35	18～28	14～22	10～18	7～14	6～11	3～8
	AR-AC13	—	—	100	95～100	60～71	24—35	19—28	14～23	12～19	9～15	7～12	3～8
	AR-AC10	—	—	—	100	95～100	24～35	19～28	14～23	12～19	9～15	7～12	3～8
沥青玛蹄脂碎石	AR-SMA16	—	100	90～100	65～85	45～65	20～32	15～24	14～22	12～18	10～15	9～14	8～12
	AR-SMA13	—	—	100	90～100	50～75	20～34	15～26	14～24	12～20	10～16	9～15	8～12
	AR-SMA10	—	—	—	100	90～100	28～60	20～32	14～26	12～22	10～18	9～16	8～13
开级配磨耗层	AR-OGFC16	—	100	95～100	71～80	43～55	15～25	6～18	3～14	1～10	1～7	0～5	0～4
	AR-OGFC13	—	—	100	95～100	52～64	15～25	10～19	6～15	4～11	2～9	2～7	1～5
	AR-OGFC10	—	—	—	100	95～100	30～50	15～32	6～18	4～14	3～10	2～6	0～3

表 A.0.3 沥青表面处治材料规格和用量

沥青种类	类型	厚度(mm)	集料(m^3/1 000 m^2)			沥青或乳液用量(kg/m^2)			
			第一层	第二层	第三层	第一次	第二次	第三次	合计用量
			规格用量	规格用量	规格用量				
石油沥青	单层	10 15	S12 7～9 S10 12～14	—	—	1.0～1.2 1.4～1.6	—	—	1.0～1.2 1.4～1.6
	双层	15 20 25	S10 12～14 S9 16～18 S8 18～20	S12 7～8 S12 7～8 S12 7～8	—	1.4～1.6 1.6～1.8 1.8～2.0	1.0～1.2 1.0～1.2 1.0～1.2	—	2.4～2.8 2.6～3.0 2.8～3.2
	三层	25 30	S8 18～20 S6 20～22	S12 12～14 S12 12～14	S12 7～8 S12 7～8	1.6～1.8 1.8～2.0	1.2～1.4 1.2～1.4	1.0～1.2 1.0～1.2	3.8～4.4 4.0～4.6
乳化沥青	单层	5	S14 7～9	—	—	0.9～1.0	—	—	0.9～1.0
	双层	10	S12 9～11	S14 4～6	—	1.8～2.0	1.0～1.2	—	2.8～3.2
	三层	30	S6 20～22	S10 9～11	S12 4～6 S14 3.5～5.5	2.0～2.2	1.8～2.0	1.0～1.2	4.8～5.4

注:1 表中的乳液用量按乳化沥青的蒸发残留物含量 60%计算,如沥青含量不同应予折算。

2 在高寒地区及干旱风沙大的地区,沥青用量可超出高限 5%～10%。

表 A.0.4　微表处混合料与稀浆封层混合料的矿料级配范围

筛孔尺寸（mm）	不同类型通过各筛孔的百分率(%)				
	微表处		稀浆封层		
	MS-2 型	MS-3 型	ES-1 型	ES-2 型	ES-3 型
9.5	100	100	—	100	100
4.75	95～100	70～90	100	95～100	70～90
2.36	65～90	45～70	90～100	65～90	45～70
1.18	45～70	28～50	60～90	45～70	28～50
0.6	30～50	19～34	40～65	30～50	19～34
0.3	18～30	12～25	25～42	18～30	12～25
0.15	10～21	7～18	15～30	10～21	7～18
0.075	5～15	5～15	10～20	5～15	5～15

表 A.0.5 沥青混合料用粗集料规格

规格名称	公称粒径(mm)	通过下列筛孔(mm)的质量百分率(%)												
		106	75	63	53	37.5	31.5	26.5	19.0	13.2	9.5	4.75	2.36	0.6
S1	40～75	100	90～100	—	—	0～15	—	0～5						
S2	40～60	—	100	90～100	—	0～15	—	0～5						
S3	30～60	—	100	90～100	—	—	0～15	—	0～5					
S4	25～50	—	—	100	90～100	—	—	0～15	—	0～5				
S5	20～40	—	—	—	100	90～100	—	—	0～15	—	0～5			
S6	15～30	—	—	—	—	100	90～100	—	—	0～15	—	0～5		
S7	10～30	—	—	—	—	100	90～100	—	—	—	0～15	0～5		
S8	10～25	—	—	—	—	—	100	90～100	—	0～15	—	0～5		
S9	10～20	—	—	—	—	—	—	100	90～100	—	0～15	0～5		
S10	10～15	—	—	—	—	—	—	—	100	90～100	0～15	0～5		
S11	5～15	—	—	—	—	—	—	—	100	90～100	40～70	0～15	0～5	
S12	5～10	—	—	—	—	—	—	—	—	100	90～100	0～15	0～5	
S13	3～10	—	—	—	—	—	—	—	—	100	90～100	40～70	0～20	0～5
S14	3～5	—	—	—	—	—	—	—	—	—	100	90～100	0～15	0～3

表 A.0.6 沥青混合料用细集料规格

规格	公称粒径(mm)	水洗法通过各筛孔的质量百分率(%)							
		9.5	4.75	2.36	1.18	0.6	0.3	0.15	0.075
S15	0～5	100	90～100	60～90	40～75	20～55	7～40	2～20	0～10
S16	0～3	—	100	80～100	50～80	25～60	8～45	0～25	0～15

附录 B　沥青路面设计参数参考值

表 B.0.1　沥青混合料设计参数

材料名称		抗压模量(MPa)			15 ℃劈裂强度(MPa)	60 ℃剪切强度(MPa)	备注
		20 ℃	15 ℃	60 ℃			
细粒式沥青混凝土	密级配	1 200～1 600	1 800～2 200	240～320	1.2～1.6	0.4～0.8①	AC-10 AC-13
	开级配	700～1 000	1 000～1 400	140～200	0.6～1.0	0.3～0.5	OGFC
沥青玛蹄脂碎石		700～900	1 000～1 200	240～320	1.4～1.9	0.8～1.1	SMA
中粒式沥青混凝土	基质沥青	800～1 400	1 000～1 500	—	0.8～1.2	—	AC-16 AC-20
	改性沥青			—	1.2～1.4	—	AC-16 AC-20
密级配粗粒式沥青混凝土		800～1 200	1 000～1 400	—	0.6～1.0	—	AC-25

续表B.0.1

材料名称		抗压模量(MPa)			15 ℃劈裂强度(MPa)	60 ℃剪切强度(MPa)	备注
		20 ℃	15 ℃	60 ℃			
橡胶沥青混合料		1 000～1 500	1 600～2 000	—	0.7～1.0	—	ARAC-13 ARAC-16
高模量沥青混合料		1 800～2 300	2 500～3 000	—	1.0～1.4	1.0～1.4	HMAC-20
沥青稳定碎石	密级配	1 000～1 400	1 200～1 600	—	0.6～1.0	—	ATB-25
	开级配	500～700	800～1 000	—	—	—	ATPB-25
沥青贯入式		400～800	—	—	—	—	—
就地热再生沥青混合料		1 800～2 500	2 600～3 200	—	—	—	旧料 75%以上
乳化沥青、泡沫沥青冷再生混合料	细粒式	1 000～1 400	1 400～1 800	—	0.5～0.7	—	—
	中粒式	1 000～1 400	1 400～1 800	—	0.4～0.6	—	—
	粗粒式	800～1 200	1 000～1 400	—	0.4～0.5	—	—

注：对于密级配细粒式沥青混凝土，采用普通沥青时，其 60 ℃抗剪强度在 0.4 MPa～0.6 MPa 之间；采用改性沥青时，其 60 ℃抗剪强度在 0.6 MPa～0.8 MPa 之间。

表 B.0.2　基层和垫层材料设计参数

材料名称	配合比或规格要求	抗压回弹模量 E(MPa)(弯沉计算用)	抗压模量 E(MPa)(拉应力、剪应力计算用)	劈裂强度(MPa)
水泥砂砾	4%～6%	1 100～1 500	3 000～4 200	0.4～0.6
水泥碎石	4%～6%	1 300～1 700	3 000～4 200	0.4～0.6
二灰砂砾	7∶13∶80	1 100～1 500	3 000～4 200	0.6～0.8
二灰碎石	8∶17∶75	1 300～1 700	3 000～4 200	0.5～0.8
石灰水泥粉煤灰砂砾	6∶3∶16∶75	1 200～1 600	2 700～3 700	0.4～0.55
水泥粉煤灰碎石	4∶16∶80	1 300～1 700	2 400～3 000	0.4～0.55
石灰土碎石	粒料大于 60%	700～1 100	1 600～2 400	0.3～0.4
碎石灰土	粒料大于 40%～50%	600～900	1 200～1 800	0.25～0.35
水泥石灰砂砾土	4∶3∶25∶68	800～1 200	1 500～2 200	0.3～0.4
二灰土	10∶30∶60	600～900	2 000～2 800	0.2～0.3
石灰土	8%～12%	400～700	1 200～1 800	0.2～0.25
石灰土处理路基	4%～7%	200～350	—	—
级配碎石	基层连续级配型	300～350	—	—
	基层骨架密实型	300～500	—	—
	下基层、垫层	200～250	—	—
填隙碎石	下基层	200～280	—	—
未筛分碎石	下基层	180～220	—	—
级配砂砾、天然砂砾	基层	150～200	—	—
中粗砂	垫层	80～100	—	—

表 B.0.3　柔性基层沥青路面材料设计参数

材料名称	20 ℃动态回弹模量(MPa)(柔性基层沥青层层底拉应变计算用)	备注
密级配细粒式沥青混凝土	4 500～6 000	AC-10,AC-13
中粒式沥青混凝土	4 000～5 500	AC-16,AC-20
密级配粗粒式沥青混凝土	3 500～5 000	AC-25

续表B.0.3

材料名称	20 ℃动态回弹模量(MPa) (柔性基层沥青层层底拉应变计算用)	备注
沥青玛蹄脂碎石	4 000～6 000	SMA
密级配沥青碎石基层	3 200～4 500	ATB-25
贫混凝土	10 000～17 000	—
水泥稳定碎石	5 000～10 000	—
水泥稳定土	1 000～3 000	—
石灰、水泥与粉煤灰综合稳定类	3 500～14 000	—
石灰稳定土	600～2 000	—

表 B.0.4 碎砾石土设计参数

碎石含量(%)	路基干湿类型	回弹模量值(MPa)	密度(t/m^3)	含水量(%)
>70	干燥	90～100	2.05～2.25	7
	中湿	70～80	2.00～2.20	8
	潮湿	55～65	1.95～2.15	11
50～70	干燥	75～85	2.00～2.20	7
	中湿	55～65	1.95～2.15	8
	潮湿	45～55	1.90～2.10	11
30～50	干燥	47～57	1.90～2.10	<10
	中湿	30～40	1.85～1.95	10～15
	潮湿	20～30	1.75～1.85	>15
<30	干燥	30～40	1.80～1.90	<10
	中湿	15～25	1.70～1.80	10～15
	潮湿	15	1.60～1.70	>15

附录C 沥青混合料单轴贯入抗剪强度试验方法

C.0.1 本试验方法适用于利用单轴贯入试验仪在规定的温度和加载条件下测定沥青混合料的抗剪强度。非经注明,单轴贯入抗剪强度的试验温度为60 ℃。试验采用直径100 mm±2 mm、高100 mm±2 mm的沥青混合料圆柱体试件,集料的公称最大粒径不大于16 mm。

C.0.2 仪器设备应符合下列规定:

1 万能材料试验机,其他可施加荷载并测试变形的路面材料试验设备也可使用,应满足下列条件:

1) 最大荷载应满足不超过其量程的80%,且不小于量程的20%要求,宜采用5 kN。

2) 具有环境保温箱,温控准确度0.5 ℃。

3) 能符合加载速率1 mm/min的要求。试验机宜有伺服系统,在加载过程中,速度基本保持不变。

4) 试验进行过程中可记录加载力和位移。

2 贯入杆,端面直径28.5 mm、长50 mm的金属柱。

3 烘箱。

C.0.3 试验方法应符合下列规定:

1 用旋转压实或静压法成型混合料试件,试件尺寸应符合直径100 mm±2 mm,高100 mm±2 mm的要求,并在报告中注明试件成型方法,试件的密度应符合马歇尔标准密度的100%±1%。

2 试件成型后,不等完全冷却后即可脱模,用卡尺量取试件的高度,若最高部位与最低部位的高度差超过2 mm时,试件应作废。用于单轴贯入抗剪切强度试验的试件不少于3个。

3 按相关试验方法测定试件的密度、空隙率等各项相关物理指标。

4 将试件在60 ℃的烘箱中保温6 h。

5 使试验机环境保温箱温度达到试验温度。

C.0.4 将试件从烘箱中取出，立即置于压力机试验台座上，以1 mm/min的加载速率均匀加载直至破坏，读取荷载峰值，准确至0.1 kN。

C.0.5 沥青混凝土的单轴贯入剪切试验强度应按下式计算：

$$\tau_s = 0.327 \times 0.8 \times \frac{P}{A} \tag{C.0.5}$$

式中：τ_s ——试件单轴贯入剪切试验强度(MPa)；

P——试件破坏时的最大荷载(N)；

A——贯入杆的截面积(mm^2)。

C.0.6 当一组测定值中某个测定值和平均值之差大于标准差的 k 倍时，该测定值应予舍弃，并以其余测定值的平均值作为试验结果。当试验试件数目分别为3、4、5、6时，k 值可分别为1.15、1.46、1.67、1.82。

附录 D 水泥混凝土路面设计参数参考值

表 D.0.1 中湿路基路床顶面回弹模量经验参考值范围(MPa)

土组	道路自然区划				
	Ⅱ	Ⅲ	Ⅳ	Ⅴ	Ⅵ
土质砂	26～42	40～50	39～50	35～60	50～60
粘质土	25～45	30～40	25～45	30～45	30～45
粉质土	22～46	32～54	30～50	27～43	30～45

表 D.0.2 垫层和基层材料回弹模量经验参考值范围

材料类型	回弹模量(MPa)	材料类型	回弹模量(MPa)
中、粗砂	80～100	石灰粉煤灰稳定粒料	1 300～1 700
天然砂砾	150～200	水泥稳定粒料	1 300～1 700
未筛分碎石	180～220	沥青碎石(粗粒式,20 ℃)	600～800
级配碎砾石(垫层)	200～250	沥青混凝土(粗粒式,20 ℃)	800～1 200
级配碎砾石(基层)	250～350	沥青混凝土(中粒式,20 ℃)	1 000～1 400
石灰土	200～700	多孔隙水泥碎石(水泥剂量 9.5%～11%)	1 300～1 700
石灰粉煤灰土	600～900	多孔隙沥青碎石(20 ℃,沥青含量 2.5%～3.5%)	600～800

表 D.0.3 水泥混凝土弯拉弹性模量经验参考值

弯拉强度(MPa)	1.0	1.5	2.0	2.5	3.0
抗压强度(MPa)	5.0	7.7	11.0	14.9	19.3
弯拉弹性模量(GPa)	10	15	18	21	23
弯拉强度(MPa)	3.5	4.0	4.5	5.0	5.5
抗压强度(MPa)	24.2	29.7	35.8	41.8	48.4
弯拉弹性模量(GPa)	25	27	29	31	33

本标准用词说明

1 为了便于在执行本标准条文时区别对待，对要求严格程度不同的用词说明如下：

1）表示很严格，非这样做不可的用词：
正面词采用“必须”；
反面词采用“严禁”。

2）表示严格，在正常情况下均应这样做的用词：
正面词采用“应”；
反面词采用“不应”或“不得”。

3）表示允许稍有选择，在条件许可时首先应这样做的用词：
正面词采用“宜”；
反面词采用“不宜”。

4）表示有选择，在一定条件下可以这样做的用词，采用“可”。

2 条文中指明应按其他有关标准执行时的写法为：“应符合……的规定”或“应按……执行”。

引用标准名录

1 《室外排水设计标准》GB 50014

2 《预应力混凝土路面工程技术规范》GB 50422

3 《城市桥梁设计规范》CJJ 11

4 《城镇道路养护技术规范》CJJ 36

5 《城市道路工程设计规范》CJJ 37

6 《路面稀浆罩面技术规程》CJJ/T 66

7 《透水水泥混凝土路面技术规程》CJJ/T 135

8 《城镇道路路面设计规范》CJJ 169

9 《透水沥青路面技术规程》CJJ/T 190

10 《城市道路彩色沥青混凝土路面技术规程》CJJ/T 218

11 《城市地下道路工程设计规范》CJJ 221

12 《再生骨料透水混凝土应用技术规程》CJJ/T 253

13 《城镇桥梁沥青混凝土桥面铺装施工技术标准》CJJ/T 279

14 《公路隧道设计规范 第一册 土建工程》JTG 3370.1

15 《公路土工合成材料应用技术规范》JTG/T D32

16 《公路排水设计规范》JTG/T D33

17 《公路水泥混凝土路面设计规范》JTG D40

18 《公路沥青路面设计规范》JTG D50

19 《公路钢桥面铺装设计与施工技术规范》JTG/T 3364—02

20 《公路沥青路面养护设计规范》JTG 5421

21 《公路路面基层施工技术细则》JTG/T F20

22 《公路养护技术规范》JTG H10

23 《公路技术状况评定标准》JTG 5210

24 《公路路基设计规范》JTG D30
25 《城市道路养护技术规程》DG/TJ 08—92
26 《城市道路设计规程》DG/TJ 08—2106
27 《道路路基设计规范》DG/TJ 08—2237
28 《彩色路面技术标准》DG/TJ 08—2318

上海市工程建设规范

路面设计标准

DG/TJ 08—2131—2022
J 12442—2022

条 文 说 明

2022　上海

目　次

Contents

1 总　则

1.0.1 近年来，道路设计、建设新理念得到了发展，道路新技术、新材料不断出现，为建设“资源节约、环境友好”的道路设施提供了新途径和大量工程实践。总结工程实践经验，吸收新技术、新成果，以提高路面工程质量，适应上海道路路面建设不断发展的需要，这成为制定本标准时所追求的目标。

1.0.2 总结上海道路建设正反两方面经验，针对路面结构在使用全过程具有动态演化与多因素相互影响的特点，加强结构层材料设计与结构组合设计。

1.0.3 鼓励使用新型节能、降耗、环保型路面技术，如温拌沥青混合料、冷拌泡沫沥青混合料、冷拌乳化沥青混合料技术，排水沥青路面、透水路面，橡胶沥青路面、高模量沥青混合料及旧路面材料再生利用技术。

2 术语和符号

2.1 术 语

2.1.8 温拌沥青混合料技术的工作温度可比常规热拌沥青混合料低 30 ℃以上，由于其施工温度的降低具有节能、环保、减轻沥青老化、延长施工季节等优点，成为近年来道路领域研究和应用热点。上海已先后在沪渝高速、逸仙高架、中山西路改建工程、长江隧道等十余条公路、城市道路和隧道工程中铺筑温拌沥青混合料。有关温拌沥青混合料适用材料、组成设计的要求可参照现行上海市工程建设规范《温拌沥青混合料路面技术规程》DG/TJ 08—2083 执行。

2.1.9 橡胶沥青是指将废轮胎橡胶粉加入传统的沥青中，拌和成具有改性沥青特性的橡胶沥青，可用作密级配、间断级配或开级配沥青混合料的粘结料。

近十年来，橡胶沥青在我国逐步得到广泛应用，尤其作为旧水泥混凝土路面改造沥青加铺层最为普遍。有关橡胶沥青路面的设计、施工和验收可参照现行上海市工程建设规范《橡胶沥青路面技术规范》DG/TJ 08—2109 执行。

2.1.18 在沥青路面设计中，引入了沥青层底拉应变的指标控制沥青层疲劳开裂，提出了沥青层底容许拉应变。

2.1.21 根据一次荷载作用下的破坏强度与不同轴次作用下的疲劳破坏强度之比，并考虑道路等级、设计工作年限内累计当量轴次、室内与现场差异等因素而确定。

3 基本规定

3.1 一般规定

3.1.1 在进行路面材料与混合料的设计、路面结构设计等工作时，均会考虑到道路等级性质。路面设计应在考虑路面交通等级、累计当量标准轴次的同时，也考虑道路等级性质，将道路交通等级划分为五级，分为轻、中、重、特重、极重交通等级。

水泥混凝土路面，除了按实际基准期内 100 kN 设计轴载的累积作用次数分为特重、重、中等和轻四个等级外，增加了极重级，以考虑承受特重轴载车辆或特重车辆作用（设计轴载超过 100 kN）时的特殊情况。

3.1.2 目前，上海高速、一级公路和快速路、主干路新建、改扩建都采用沥青路面，之前应用的水泥混凝土路面基本上都被改造为沥青路面，水泥混凝土路面不再作为高等级路面来使用。因此，规定水泥混凝土路面在二级公路及以下等级公路和次干路、支路来使用。

3.1.4 路面结构的目标可靠度是在满足各等级道路路面不同安全度要求（限制路面的破坏概率）的前提下，主要考虑路面初建费用、结合开裂养护费用与用户费用对目标可靠度的影响确定。本标准目标可靠度是结合国内外的分析数据、水泥混凝土和沥青路面的隐含可靠度后制定的。

3.1.5 目前，国外及我国公路水泥路面设计都采用了可靠度设计，本标准吸收了交通部“沥青路面结构的可靠性研究”课题的科研成果，在沥青路面设计中引入了可靠度设计的理念。沥青路面结构的可靠度设计是以现行的双圆均布荷载作用下的多层弹性层状体系理论的力学计算和各个设计参数的变异性为基础，利用概率统计的有关理论和沥青路面的实际情况建立的一种概率型设计方法。

现行国家标准《工程结构可靠度设计统一标准》GB 50153 对结构可靠度的定义为在规定的条件和规定的时间内完成预定功能的概率。沥青路面结构可靠度的定义为对于正常设计、正常施工和正常使用的路面结构，在路面达到规定的设计累计标准轴载作用次数的时间内，表面最大弯沉、半刚性基层层底最大拉应力、面层最大剪应力和面层底面最大拉应变分别不超过其容许值的概率。

可靠度系数定义为抗力均值与应力均值的比值，是目标可靠度及设计参数变异水平等级和相应的变异系数的函数。在可靠度设计中，各项参数通常都选用均值作为标准值。考虑到目前路面结构设计参数取值是考虑了一定保证率的数值，已有一定的工程实践基础，在可靠度系数的推演中考虑了这些因素的影响。

3.1.6 混凝土路面结构可靠度定义为在规定的设计工作年限内，在规定的交通和环境条件下，行车荷载疲劳应力和温度梯度疲劳应力的总和不超过混凝土弯拉强度的概率，或者最重轴载应力和最大温度翘曲应力的总和不超过混凝土弯拉强度的概率。

可靠度系数是目标可靠度及设计参数变异水平等级和相应的变异参数的函数。表 3.1.6-2 所示的可靠度系数是按各变异水平等级的变异系数范围(表 3.1.6-1)，应用可靠度计算式推算得到的。设计时，可依据各设计参数变异系数值在各变异水平等级变化范围内的情况选择可靠度系数。

4 垫层和基层

4.1 一般规定

4.1.1 《路面设计规范》DG/TJ 08—2131—2013 第 4 章详细规定了路基设计要求。2017 年，上海颁布了《道路路基设计规范》DG/TJ 08—2237—2017，专门对路基设计进行规定，故本标准不再详细规定路基设计要求，第 4 章"路基"改为"垫层和基层"，同时为了保证路基路面一体化设计，对关系路面结构设计的路基顶面回弹模量进行了规定。

4.2 垫 层

4.2.1 针对本地区的多雨、潮湿、非冰冻地区特点，设置垫层是为了防止与缓解水分自下而上对路面结构的影响，改善路面结构的湿度和温度状况，减少路基不均匀变形对路面的影响。

4.3 基 层

4.3.3 半刚性材料基层按其组成结构状态，分为骨架密实结构、骨架空隙结构、悬浮空隙结构、悬浮密实结构和均匀密实结构四种类型。高速公路、一级公路、城市快速路和主干路的基层宜选用骨架密实型混合料。均匀密实型混合料适用于城市快速路、主干路的下基层、次干路及以下的上基层。骨架空隙型混合料具有较高的空隙率，适用于需考虑路面内部排水要求的基层。

骨架密实型和骨架空隙型的混合料配合比试验宜采用振动

成型方法,悬浮密实和均匀密实型混合料宜采用静压法。水泥稳定类的水泥剂量一般为3%～5.5%,最大剂量不应超过6%。

4.3.4 多孔混凝土适用于湿润和多雨地区,路基为低透水性细粒土的道路路面排水基层,其级配范围见表1。多孔混凝土设计空隙率为15%～22%,渗透系数应大于0.5 cm/s。

表1 多孔水泥稳定排水基层级配范围

筛孔尺寸(mm)	31.5	26.5	13.2	4.75	2.36	0.075
通过率(%)	100	95～100	25～60	0～10	0～5	0～2

5 沥青路面

5.1 一般规定

5.1.1 沥青路面设计工作应包括以下具体内容：

1 调查与收集交通量及其组成资料，积极开展轴载谱分布的调查、测试，分析预测设计交通量。

2 收集气候、水文资料，了解沿线地质、路基填挖及干湿状况，通过试验确定路基回弹模量。

3 认真做好各种路用材料的调查，并取样试验，根据试验结果选定路面各结构层所需的材料。

4 施工图设计阶段应进行混合料的目标配合比设计，并测试、确定材料的设计参数。

5 拟定路面结构组合，采用专用程序计算厚度。

6 做好路面排水、路面结构内部排水和中央分隔带排水系统设计，使路面排水通畅，路面结构内部无积水滞留。

5.2 面层材料

5.2.1 本标准按照沥青混合料的施工温度范围，将面层材料分为了热拌沥青混合料、温拌沥青混合料和冷拌沥青混合料。

1 热拌沥青混合料是我国最为常用的沥青混合料，多年以来积累了丰富的设计和施工经验。按照空隙率大小将沥青混合料分为密级配、半开级配和开级配三大类。按照混合料结构组成又将沥青混合料划分为悬浮-密实结构、骨架-空隙结构和密实-骨架结构。按照混合料中集料的公称最大粒径，沥青混合料可分为砂粒式、细粒式、中粒式、粗粒式和特粗式。表 5.2.1-1 给出了几种常用热拌沥青混合料的常用厚度及适宜层位。AC 型沥青混合料以及骨架密实型混合料 SMA 均属于密级配混合料，设计空隙率在 3%～5%，适合于面层的各结构层位。半开级配沥青碎石(AM)设计空隙率在 8%～15%，由于它的空隙率大，渗水严重，应设密级配上封层。OGFC 是开级配沥青混合料，在欧美多称开级配抗滑磨耗层。

2 温拌沥青混合料工作温度可比常规热拌沥青混合料低 30 ℃以上，但性能能达到热拌沥青混合料的技术要求。温拌沥青技术的应用符合我国可持续发展战略和建设节约型社会的国家目标，因此近年来得到了较为广泛的应用。在上海，温拌沥青混合料已经越来越多的应用到路面、桥面铺装与隧道路面铺装中。

判断是否是温拌技术，主要有以下两个界定标准：

1）温拌沥青混合料应用于路面面层各层，满足现行沥青路面施工技术规范面层技术要求，尤其是材料使用性能的技术要求。

2）采用热拌全套设备和工艺流程施工，所有工艺操作温度比热拌显著下降(30 ℃～60 ℃)。下降 30 ℃以上，既是节能环保要求，也是减轻材料老化的要求。

温拌沥青混合料的级配要求与热拌沥青混合料相同。与热拌沥青混合料的分类方法相同，表 5.2.1-2 给出了温拌密级配沥青混合料 WAC、温拌沥青稳定碎石 WATB、温拌沥青马蹄脂碎石 WSMA、温拌沥青碎石 WAM、温拌开级配磨耗层 WOGFC 等的适用场合及适用层位。

3 冷拌沥青混合料可以在常温或者加热温度很低的条件下拌和，可使用乳化沥青、泡沫沥青或稀释沥青。

5.2.2 橡胶沥青路面可消耗大量废轮胎橡胶粉，实现废轮胎资源化利用，是一种环保生态型沥青路面。目前橡胶沥青路面在上海地区得到了越来越广泛的应用。

依据废轮胎橡胶粉的加入方法，橡胶沥青的生产可分为湿法工艺和干法工艺两大类。湿法工艺是指将废轮胎橡胶粉加入传统的沥青中，拌和成具有改性沥青特性的橡胶沥青（简称AR），可用作为密级配、间断级配或开级配沥青混凝土的粘结料。干法工艺是指将相对颗粒较粗废轮胎橡胶粉加入集料中，然后喷入热沥青拌制成橡胶沥青混凝土。湿法工艺生产的橡胶沥青可对基质沥青起到改性作用，可较为明显地提高沥青路用性能；干法拌制的沥青混凝土铺筑的沥青路面性能不稳定，容易产生松散、剥落等病害，目前应用相对较少。因此，本标准只建议了以湿法工艺生产的橡胶沥青混合料马歇尔试验技术指标（见表5.2.2-4），橡胶沥青混合料的配合比设计与热拌沥青混合料相同，具体可参考现行上海市工程建设规范《橡胶沥青路面技术规范》DG/TJ 08—2109。

橡胶沥青混合料的生产通常采用热拌法，且拌和温度较普通的热拌沥青混合料要高5 ℃～10 ℃。

排水性沥青混合料为采用质量稳定的高粘度改性沥青与矿料等拌和而成的，设计空隙率不小于18%的沥青混合料。采用排水性沥青混合料作为表面层，其下设置防水层，渗入到排水性沥青面层内的水在防水层上横向流入边缘排水设施，而不再向下渗透到下承层的路面，称之为排水性沥青路面。排水性沥青混合料面层为一种空隙率范围18%～23%，厚度一般为4 cm～5 cm的磨耗层。这种多空隙的路面能很快地排水，具有抗滑性能好、水雾少、不积水、行车安全、高温稳定性好、噪声低、防眩光等优点，符合生态路面的环保要求，因此近年来也逐渐也得到了大家的关注。排水沥青混合料的材料设计及路面结构组合设计可参照现行上海市工程建设规范《道路排水性沥青路面设计规范》DG/TJ 08—2074的相关规定。

5.2.4 稀浆罩面分为微表处和稀浆封层，可用于新建道路的磨耗层或保护层，也可作下封层，这在我国已有了成功的经验，尤其是对于缺乏优质石料作抗滑层的地区，可以节省造价。稀浆罩面的混合料中乳化沥青及改性乳化沥青的用量应通过配合比设计确定。混合料的质量应符合有关规范的技术要求。

稀浆罩面应选择坚硬、粗糙、耐磨、洁净的集料，不得含有泥土、杂物。粗集料应满足热拌沥青混合料所使用的粗集料质量技术要求，表观相对密度、压碎值、洛杉矶磨耗值等指标可使用较粗的集料或原石料进行试验。当采用与结合料黏附性达不到4级以上的酸性石料时，必须掺加消石灰或抗剥离剂。细集料宜采用洁净的优质碱性石料生产的机制砂、石屑，小于4.75 mm部分细集料的砂当量应符合有关规范的要求，且不得使用天然砂。如发现集料中有超规格的大粒径颗粒时，必须在运往摊铺机前将集料过筛，混合料各筛孔的通过率必须在设计标准级配的允许波动范围内波动，所得级配曲线应尽量避免出现锯齿形。有实际工程证明，使用的级配能够满足稀浆罩面使用要求，并具有足够的耐久性时，经过专家论证，得到主管部门认可，也可使用。

MS-3 型微表处采用彩色结合料时，可用于城市广场、停车场、人行道、商业街、文化街。

5.2.5 沥青标号和沥青技术指标的选择与工程所在地的气候、道路交通量、结构类型与层位密切相关。

1 上海地区气候分区为夏炎热区，夏季持续高温较长，对于重载车较多的道路，纵坡大、长坡路段可选用稠度高、60 ℃粘度大的沥青、改性沥青等。

2 交通量大、重载车较多的路段可选择较硬的沥青，中面层采用添加天然岩沥青(BMA 布顿岩沥青)、湖沥青(特立尼达湖沥青)等硬质沥青。BMA 布顿岩沥青改性剂是采用优质的岩沥青矿加工而成，掺量为沥青重量的 20%～30%，其产品质量要求见表 2。

表 2　BMA 产品质量要求

项目	BMA
颜色	棕黑色
沥青含量	大于 18%
砂、泥土等杂质含量(%)	小于 2%
加热损失	小于 2%
含水量(%)	小于 1%
灰分(%)	实测
三氯乙烯溶解度(%)	大于 18%
密度(g/cm^3)	1.70～1.90
闪点(℃)	大于 230
沥青四组分	实测
不同批次样品灰分含量差	小于 2%

3　研究和实际工程认为，对于特重交通道路，粗集料针片状颗粒含量应更加严格控制，宜不大于 5%。

钢渣中游离氧化钙含量影响其稳定性。游离氧化钙含量越大，其浸水膨胀率越大，稳定性越差。道路建设用钢渣多为转炉钢渣。国内具有代表性的转炉钢渣处理工艺主要有热泼法、风淬法、热闷法及滚筒法。热泼法、风淬法处理的钢渣中游离氧化钙含量较高，钢渣容易膨胀粉化，性能不稳定。热闷法处理的钢渣粉化率高，粒径不均匀。目前国内滚筒法工艺处理的钢渣(滚筒渣)游离氧化钙含量低，且钢渣颗粒度分布均匀，性能稳定，已在上海地区多项路面工程中进行应用推广，路用效果良好。相较而言，普碳钢钢渣成分相对稳定，而不锈钢钢渣成分复杂、重金属含量高。因此，以钢渣作路面面层集料时，为减少材料膨胀和环境污染风险，推荐采用经滚筒法工艺处理的普碳钢钢渣。

5　上海地区夏季高温持续时间长，最热月平均最高气温超过 30 ℃，为了保证沥青路面的抗车辙性能，沥青混合料的动稳定度应严格控制，其技术指标要较我国道路行业标准要求高。

5.3 结构组合设计

5.3.1 将沥青路面结构按基层类型进行分类，有助于路面结构组合和路面材料的方便选取。路面结构组合设计时要同时考虑本标准第5.2节中面层材料类型的适宜层位及层厚。

5.3.2 随着城镇化进程的加快，城镇道路的发展也日新月异。城市道路大多采用密实、不透水材料，使得城市安全与生态环境面临一些突出的问题，如上海地区多雨，滞留路表的积水大大影响行程安全性；同时不透水路面缺乏对城市地表温度、湿度的调节能力；其次路面阻止了地下水补给路径，热岛效应突出；密实路面行车噪声较大，影响道路周边居民生活环境。

因此，在重载车辆不多的城市快速路上，居民区较多的道路上应尽可能采用生态环保排水路面，降低交通噪声，改善雨天路面的行驶质量，保障车辆与行人安全；人行道、广场及停车场可采用透水路面，补给地下水，改善周边生态环境，促进水资源循环利用。

5.4 结构设计指标与要求

5.4.2 本标准的城市道路路面设计依据现行行业标准《城镇道路路面设计规范》CJJ 169，结构设计指标为路表弯沉值、半刚性材料基层层底拉应力、沥青层最大剪应力和沥青层层底拉应变指标。

5.4.4 设计指标应符合下列规定：

2 计算沥青层层底拉应变时，需采用各层材料的动态回弹模量值，目前我国测定动态回弹模量的单位较少，实测材料动态回弹模量将较为繁琐，半刚性基层的模量设计值，按照本标准附录B.0.2中材料参数取值，粒料与土基模量可采用式(5.4.5-2)计算确定。对于沥青层模量，沥青混凝土动态回弹模量可按 3 个水平确定：

第 1 水平：按照标准的试验方法，在一定荷载频率和温度下，实际测定沥青混合料的动态回弹模量。

第 2 水平：无需进行动态回弹模量室内试验，而是使用动态回弹模量预估方程获得。目前由于预估方程种类较多，样本数据存在差异性和局限性，因此暂时没有推荐使用。

第 3 水平：不需要试验和预估方程确定沥青混合料的动态回弹模量，而是采用推荐的材料参数值，见本标准附录 B.0.3。

建议在路面设计过程中，采用标准试验方法实测沥青混合料的动态回弹模量。

4 为防止路面面层出现车辙、波浪、推移和自上而下开裂等破坏，应控制沥青层的最大剪应力小于面层材料的容许剪应力。

沥青层剪应力计算时，沥青上面层取 60 ℃的抗压回弹模量，中下面层取 20 ℃抗压回弹模量，其他结构层模量见本标准附表 B.0.2 所示。

已有的研究结果表明，路面结构形式、厚度对沥青层最大剪应力的数值影响相对较小，水平力系数 f_h 对最大剪应力的影响最大；当有水平力存在时，其最大剪应力基本位于路表轮迹外边缘处。本标准依据现行行业标准《城镇道路路面设计规范》CJJ 169，在提出沥青层最大剪应力计算点水平位置选取了路表距单圆荷载中心 0.9δ 靠近荷载外边缘处与距路表 $0.1h_1$（h_1 为表面层厚度）荷载外侧边缘处两点。通过计算并选取两个点处的较大剪应力值，得到沥青层的理论计算最大剪应力。

关于水平力的大小，在正常行驶和思想有准备的制动、启动时，水平力系数一般小于 0.17，故设计公交车停车站、交叉口等路段时 f_h 以 0.2 计算。但在紧急制动时水平力系数可高达 0.5 左右，最大值接近于路面的摩擦系数，鉴于高温时路面摩擦系数较标准状态略低，故设计时 f_h 以 0.5 计算。而紧急制动有可能发生在车行道的任何一个部位，所以一般路段按水平力系数为0.5取值。

5.4.6 设计标准

2 为保证柔性基层沥青路面在设计工作年限内不发生沥青层疲劳开裂，以沥青层层底拉应变为设计指标，借鉴了美国AASHTO 2002沥青路面设计方法和AI沥青协会的疲劳开裂预测模型，建立了沥青层容许拉应变与设计工作年限内累计当量轴次的关系，并根据国内外的研究成果，对公式中各回归系数进行了分析修正，得到沥青层容许拉应变预估公式。

4 路面的剪切破坏往往是在多次承受车辆启动、制动的状况下产生的，所以要计入轴载重复作用的影响。K_r 即为考虑轴载重复作用影响的抗剪强度结构系数，它与行车荷载状况有关。经调查整理，在停车站、交叉口车辆都是有准备的缓慢制动停车，K_r 与该处停车站或交叉口在设计工作年限内停车的当量轴载累计数及道路等级有关；而对于一般路段的偶然紧急制动时，虽然水平力系数较大，但却不会出现在同一个点，故 K_r 计算时不考虑累计轴载的作用。

6 水泥混凝土路面

6.2 结构设计指标与要求

6.2.1 本标准选定的水泥混凝土结构厚度设计方法，一方面满足路面的结构性能要求，并以设计工作年限内行车荷载和温度梯度综合作用产生的面板疲劳断裂作为设计标准。按荷载疲劳应力和温度梯度疲劳应力的面层板厚度，可以在设计工作年限内经受住行车荷载（以设计轴载为表征）和温度梯度的综合疲劳作用。另一方面当轴载谱中存在一些特重的轴载时，在最重轴载和最大温度梯度的综合作用下，有可能出现超出混凝土弯拉强度的极限断裂破坏。因此增加了极限断裂破坏的验算，作为一项验核标准，控制少数超重载对面板的断裂破坏作用。

路面结构可靠度定义为在规定的时间段内，在规定的条件下，路面结构性使用性能满足预订水平要求的概率。因而，混凝土路面结构可靠度也可定义为，在规定的设计工作年限内，在规定的交通和环境条件下，行车荷载疲劳应力和温度梯度疲劳应力的总和不超过混凝土弯拉强度的概率，或者最重轴载应力和最大温度翘曲应力的总和不超过混凝土弯拉强度的概率。据此，列出了式(6.2.1-1)和式(6.2.1-2)所示的极限状态设计表达式。

6.2.2 贫混凝土或碾压混凝土基层不考虑温度应力。

6.4 结构组合设计

6.4.1 混凝土面层是路面结构的主要承重层，同时也是与车辆直接接触的表面层，因而，一方面要求面层具有足够的承载能力和耐久性，另一方面要求面层具有良好的行驶质量。

6.4.4 在所建议的各级面层厚度参考范围内，设计轴载作用次数多、变异系数大、最大温度梯度大或者基、垫层厚度或模量值低时，取高值。

6.4.5 钢纤维混凝土和普通水泥混凝土依据相同的设计标准和验核标准。

6.4.7 贫混凝土或碾压混凝土基层与底基层的刚度比较大，有可能产生较大的层底拉应力。因而，需要通过厚度调整来控制其疲劳裂缝。贫混凝土或碾压混凝土的弯拉强度也是控制疲劳开裂的重要调节因素，这类基层不宜采用过大的强度值，以免使基层与底基层的模量比仍处于高位，层底拉应力和相应的疲劳开裂得不到缓解。

6.5 结构厚度计算

6.5.1 单层混凝土板荷载应力分析

5 式(6.5.1-7)和式(6.5.1-8)是根据单圆荷载直径 0.3 m，层间连续，粒料层总厚度 0.1 m～0.5 m，粒料层回弹模量与路床回弹模量之比小于 10 的条件，按照荷载中心点挠度等效原则回归得到的，其中，路床、粒料层的泊松比均取 0.35。

7 其他路面

7.1 砌块路面

7.1.1 透水路面的设计应保证各结构层透水性能的连续，避免某些层次成为透水能力的瓶颈。根据渗透理论，天然沉积而成的土壤其土层渗透系数随水流方向的不同而有所改变。

渗入道路内的雨水主要有三个去向：入渗、横流和蒸发。影响降水入渗量的最主要是土基的渗透系数。美国透水路面使用经验表明，地基的透水系数量级不低于 10^{-3} mm/s，存储在基层内的水能在 72 h 内完全入渗时，透水道路的耐久性和稳定性表现良好。英国有资料推荐：地基的透水系数大于 0.5 in/h(即 3.5×10^{-3} cm/s)且基层内的水能在 72 h 内渗完。

7.1.3 砌块路面结构可参照以下典型结构：

人行道砌块路面结构见表 3，表中各基层厚度为最小厚度。

表 3 人行道砌块路面典型结构(mm)

项目	普通型混凝土砌块				联锁型混凝土砌块		石材砌块		
砌块厚度	50		60		60		50	60	80
整平层厚度	20		20		30		30	30	30
混凝土基层	100	—	100	—	100	—	100	100	100
半刚性基层	—	150	—	150	—	150	—	—	—
粒料类底基层	150	不设	150	不设	150	不设	150	150	150
总厚度	320	220	330	240	340	230	330	340	360

车行道普通型混凝土砌块路面结构见表4，表中各基层厚度为最小厚度。

表4　车行道普通型混凝土砌块路面典型结构(mm)

项目	类型					
	支路、广场、停车场					
砌块厚度	80		100		120	
整平层厚度	30		30		30	
混凝土基层	150	—	150	—	150	—
半刚性基层	—	200	—	200	—	200
粒料类底基层	150	150	150	150	150	150
总厚度	410	460	430	480	450	500

注：土基回弹模量E_0不小于30 MPa。

车行道联锁型混凝土砌块路面结构见表5，表中各基层厚度为最小厚度。

表5　车行道联锁型混凝土砌块路面典型结构(mm)

项目	类型			
	大型停车场		支路、广场、小型停车场	
砌块厚度	100		80	
整平层厚度	30		30	
混凝土基层	150	—	150	—
半刚性基层	150	300	—	200
粒料类底基层	150	150	150	150
总厚度	580	580	410	460

注：土基回弹模量E_0不小于30 MPa。

车行道石材砌块路面结构宜符合表6的规定，表中各基层厚度为最小厚度。

表 6　车行道石材砌块路面典型结构(mm)

项目	类型		
	支路、广场、停车场		
砌块厚度	80	100	140
整平层厚度	30	30	30
混凝土基层	150	150	200
半刚性基层	150	150	150
粒料类底基层	150	150	150
总厚度	560	580	650

注:土基回弹模量 E_0 不小于 30 MPa。

7.2　桥面铺装

7.2.1　水泥混凝土桥面铺装

6　因中小桥桥面的长度较短,为避免摊铺机在小范围内多次调整摊铺厚度,为便于施工,故桥面沥青层的厚度宜与路面对应层的厚度一致。

8 旧路改建

8.2 旧路状况评价

8.2.1 根据对旧路路面调查检测资料，对路面破损状况、行驶质量、强度及抗滑性能进行质量评价，并根据使用要求参考养护对策进行罩面或加铺层设计。

旧路补强设计不同于新建路面设计，其设计目的是为满足一定时间内的交通需要，因此旧路补强设计应根据道路等级、交通量、改扩建规划和已有经验确定适当的设计工作年限。

8.2.2 旧水泥混凝土路面加铺沥青层厚度设计，应考虑沥青加铺层破坏，包括加铺层反射裂缝、层间剪切破坏。

8.3 改建沥青路面设计

8.3.2 薄层罩面是提高旧沥青面层服务功能的措施。用于旧沥青路面时，旧路面应较平整、车辙深度小于 10 mm，且路面无结构性破坏（如纵、横向裂缝、网裂）时才宜使用。对于快速路、主干道，路面抗滑标准在良以下（不包括良）；次干路及次干路以下道路，路面抗滑标准在中以下（不包括中）时，应采取加铺罩面层等措施来提高路表面的抗滑能力。选用薄层罩面时，应保证其厚度不得小于最小施工层厚度。施工时应严格控制摊铺碾压温度，保证罩面层压实度及与下层的层间结合。

超薄磨耗层是一种具有构造深度较大，抗滑性能较好的薄层结构，超薄磨耗层一般厚度为 10 mm～25 mm，混合料可选用断级配，如 SMA-10，UTAC-10 等密级配。为了防止超薄沥青混凝土的剥落，应加强结构防水，超薄沥青混凝土下面层应铺设有效的粘结层。

8.5 改建水泥混凝土路面设计

8.5.1 分离式混凝土加铺结构设计

所谓分离式混凝土加铺结构即为在清除旧路面表面的松散碎屑和由接缝内挤出的填缝料后，铺设一层由沥青混合料组成的隔离层，再铺筑水泥混凝土加铺层。

分离式加铺层与旧混凝土面层之间设置了隔离层，可隔断加铺层与旧面层的粘结，使加铺层成为独立的结构受力层。隔离层既可以防止或延缓反射裂缝，需要时也可以起到调平层的作用。因此，分离式加铺层适用于损坏状况及接缝传荷能力评定为中级和次级的旧混凝土路面。同时，加铺层的接缝形式和位置也不必考虑与旧混凝土面层接缝相对应。相反，加铺层的接缝位置如能与旧面层接缝相互错开 1 m 以上，使作用在加铺层板边的荷载能下传到旧面层板的中部，反而可改善加铺层的受荷条件。

加铺层与旧混凝土面层之间必须保证完全隔离，因此，沥青混合料隔离层必须具有足够的厚度；同时，也不能采用松散粒料做隔离层。

5 分离式加铺层与旧混凝土面层之间设有隔离层，上下层板围绕各自的中和面弯曲，分别承担一部分弯矩。因此，加铺层和旧混凝土面层的应力和混凝土弯拉强度在设计中均起控制作用。在设计时，须协调上下层的厚度（影响应力值）和弯拉强度的比例关系，以获得优化的设计。

8.5.2 结合式混凝土加铺结构设计

所谓结合式混凝土加铺结构即采用冷磨，喷射高压气、高压水、钢珠或者酸蚀等方法刨松和清理旧面层表面，并在清理后的表面涂水泥浆、乳胶或者环氧等粘结剂后，铺筑混凝土加铺层。

1 设置结合式加铺层的主要目的是改善旧混凝土面层的表面功能，或者提高其承载能力或延长其使用寿命。结合式加铺层的厚度较薄，旧面层的接缝和发展性裂缝都会反射到加铺层上。所以，只有当旧混凝土路面结构性能良好，其损坏状况和接缝传荷能力均评定为优良时，才能采用结合式加铺层。

2 结合式加铺层的厚度小，加铺层与旧混凝土面层的结合便成为这种加铺形式成功的关键。因此，一方面需采取措施彻底清理旧混凝土面层表面的污垢和水泥砂浆体，并使表面粗糙，另一方面需在清理后的表面涂以乳胶和环氧树脂等高强的粘结剂，使加铺层与旧混凝土面层粘结为一个整体。

3 由于加铺层薄，层内不设拉杆和传力杆，加铺层的接缝形式和位置必须与旧混凝土面层完全对应，以防加铺层产生反射裂缝或与旧混凝土面层之间出现层间分离。

4 结合式加铺层与旧混凝土板粘结在一起，围绕一个共享的中和面弯曲。加铺层处于受压状态，旧混凝土板处于受拉状态。因此，旧混凝土板的应力和混凝土弯拉强度在设计中起控制作用。

9 路面排水

9.2 路表排水

9.2.4 雨水口的间距取决于径流量和雨水篦泄水能力，可根据实际计算确定。

9.2.5 锯齿形偏沟的分水点和雨水口按式(1)和式(2)计算确定，计算图示见图1。

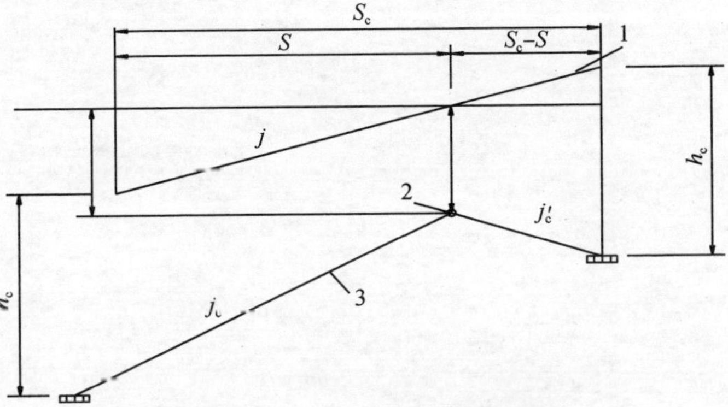

1—缘石顶线；2—分水点；3—路面边缘线

图1 锯齿形偏沟计算图式

$$S=(h_c-h_w)/(j_c-j) \tag{1}$$

$$S_c-S=(h_c-h_w)/(j+j_c') \tag{2}$$

式中： S_c——相邻雨水口的间距(mm)；

S，S_c-S——分水点至雨水口的距离(mm)；

j——道路中心线纵坡度；

j_c——s 段偏沟底的纵坡度；

j'_c——S_c-S 偏沟底的纵坡度；

h_c——雨水口处缘石外露高度(mm)；

h_w——分水点处缘石外露高度(mm)。